Wolfgang Schnepper I Manfred Claßen

D-Jugend/ C-Jugendtraining

www.fussball-taktik.info

30 komplette Trainingseinheiten

Die Autoren:
Manfred Claßen, Jahrgang 1966,
1980-1983 mehrfacher Juniorenauswahlspieler,
er erhielt zu der Zeit ein Angebot des
Bundesligisten Bayer Uerdingen,
1984 komplizierte Sprunggelenksverletzung und
das Ende seiner aktiven Spielzeit,
Fußballabitur 1986 mit der Note "sehr gut",
Trainer 1992-1996 zusammen mit Diplom-Sportlehrer
Wolfgang Schnepper im Gesundheitsstudio in Willich
2004 bis heute Jugendtrainer, 2010 gründete er die
Informationsseite www.fussball-taktik.info

Wolfgang Schnepper, Jahrgang 1964, Diplomsportlehrer,
Ex-Bezirksligaspieler im Fußball,
1988-89 in der deutschen Triathlonspitze,
1990 Bayerischer Meister im Body-Building,
1998 Konditionstrainer im bezahlten Fußball

Bibliografische Informationen der Deutschen
Nationalbibliothek: Die Deutsche Nationalbibliothek
verzeichnet diese Publikation in der Deutschen
Nationalbibliografie; detaillierte bibliografische Daten sind
im Internet über http://dnb.d-nb.de abrufbar.

©2016 Manfred Claßen / Wolfgang Schnepper
Herstellung und Verlag: BoD - Books on Demand
Norderstedt
Satz und Layout: Manfred Claßen
Grafiken und Bilder: Manfred Claßen, coachfx Covergrafik:
© iStockphoto LP

ISBN 978-3-7392-2840-2

Inhalt

Vorwort 5

Die D-Jugend 6
Exkurs: Psyche und Motivation 10
Spieler zusätzlich motivieren 12
Regeln im Trainingsbetrieb 13

Die C-Jugend 16

Aufbau der Trainingseinheiten 17

Trainingseinheiten 20
   1. Trainingseinheit / Saisonvorbereitung 23
   2. Trainingseinheit / Saisonvorbereitung 27
   3. Trainingseinheit / Saisonvorbereitung 33
   4. Trainingseinheit / Saisonvorbereitung 42
   5. Trainingseinheit / Saisonvorbereitung 45
   6. Trainingseinheit / Saisonvorbereitung 53

   7. Grundlagenschusstraining 58
   8. **Einführung der Viererkette mit**
      Empfehlung für weitere Trainingseinheiten 61
   9. Technisches Grundlagentraining 85
  10. Technisches Grundlagentraining 88

  11. **Training der Standardsituationen** 94

  12. **Training der fußballspezifischen Ausdauer** 101

  13. Technisches Grundlagentraining 105

Inhalt

14. Schusstraining 109
15. Spieltag 113
16. Schulung des Angriffs 116
17. Training des Konterspiels 120
18. Training des Konterspiels 128
19. Training des Konterspiels 132
20. Training des Konterspiels 136
21. Training des Konterspiels 141
22. Training des Konterspiels 145
23. Training des Konterspiels 149
24. Athletische Ausbildung 152
25. Technisches Grundlagentraining 155
26. Komplexe Übungen 160
27. Komplexe Übungen 164

Rückrunde / Trainingsbeginn nach der Winterpause 169

28. Trainingseinheit 170
29. Trainingseinheit 171
30. Trainingseinheit 172

**Inhalt der weiteren Trainingseinheiten
in der Rückrunde** 173

Hauptübungen nach der Winterpause 185

Literaturverzeichnis 186

Notizen 187

 # Vorwort

Dieses Buch entstand aufgrund der vielen Nachfragen auf unserer Homepage „www.fussball-taktik.info". Das Autorenteam Diplomsportlehrer Wolfgang Schnepper und Manfred Claßen geben hier einen detaillierten Einblick in das Training der D- und C-Jugend. 30 Trainingseinheiten werden ausführlich beschrieben, und gelten als Rahmentrainingsplan für eine gesamte Saison. Die Reihenfolge der einzelnen Trainingseinheiten entspricht dem chronologischen Verlauf der Saison. Natürlich haben wir in einer Saison 80 bis 120 Trainingseinheiten, aber die hier beschriebenen Einheiten gelten nur als Rahmentrainingsplan, und können für weitere Einheiten mehr oder weniger abgeändert werden. Weiterhin können natürlich einzelne Trainingseinheiten zwei- oder dreimal im Laufe einer Saison eingesetzt werden.
Auch müssen die Trainingseinheiten eventuell dem Leistungsstand angepasst werden. Hieraus ergeben sich leichte Veränderungen im Trainingsaufbau.

Dieses Buch richtet sich an D-Jugend- und C-Jugendtrainer und Betreuer, die noch keine oder wenig Erfahrung im Bereich des modernen, kindgerechten Trainings gesammelt haben.

Vorweg beschreiben wir die Merkmale, Auffälligkeiten, Verhaltensweisen, Verhaltensregeln usw., in Bezug auf diese Altersgruppen ausführlich.

 # Die D-Jugend

In diesem Alter befinden sich die Kinder bereits in der Vorpubertät oder Pubertät und der Trainer oder die Trainerin brauchen jetzt viel Fingerspitzengefühl, Empathie, Verständnis und Geduld.
Hatte man schon genügend Probleme mit den jüngeren Jahrgängen, geht es ab der D-Jugend erst richtig los.
Die Leistungsunterschiede sind zudem in diesem Alter extrem hoch. Manche Kinder sind retardiert (körperlich noch nicht altersgerecht entwickelt) oder akzeleriert (körperlich ihrem Alter weit voraus).
Diese Unterschiede legen sich in der Regel bis zur A-Jugend.
In der D-Jugend findet man nun häufig Kinder, die nur aufgrund ihrer körperlichen Überlegenheit wesentlich leistungsstärker sind.
Retardierte Techniker bleiben hier auf der Strecke und können im Spiel nicht viel ausrichten, obwohl sie die besseren Fußballer sind.
Genau dieser Sachverhalt ändert sich aber in den nächsten Jahren.
Die retardierten und technisch versierten kleinen Fußballer holen körperlich auf und werden die Hauptstützen und Spielmacher der Mannschaft.

Aber nicht nur das körperliche Erscheinungsbild der Kinder zeigt große Veränderungen und Unterschiede, nein, auch das Verhalten und die Charaktere verändern sich teilweise extrem:

Die Pubertät kündigt sich an.

 # Die D-Jugend

Die Kinder/Jugendlichen werden manchmal etwas trotzig, sie wollen unabhängig und selbstständig sein.
Ja, sie halten sich sogar schon für „erwachsen".
Der Trainer oder die Trainerin sind keine Vorbilder mehr und die Kinder wollen nicht mehr werden wie die eigenen Eltern.
Die Kinder/Jugendlichen in der D-Jugend sind aber überwiegend immer noch Kinder, die ihre Gefühle gerne verbergen und nach außen hin „stark" erscheinen wollen.
Das Zusammensein mit Gleichaltrigen ist für sie das „Größte", sie bauen sich in Gedanken eine eigene Welt auf und distanzieren sich von den Erwachsenen.
In dieser Phase sind die Kinder/Jugendlichen gelegentlich nur schwer zu ertragen.
Aber genau hier muss der Trainer oder die Trainerin ansetzen. Die jungen Fußballer sollten mit allen positiven Mitteln und Maßnahmen im Verein gehalten werden.
Die Mannschaft, der Verein, der Trainer, das Training und die Wettspiele lenken die Kinder von ihren Problemen ab, geben ihnen Rückhalt und halten sie nicht selten vom Rauchen, Alkohol trinken und Drogen ab.
In der heutigen Zeit gibt es viele Scheidungskinder, Kinder, die von ihren Eltern vernachlässigt werden oder Drogen- und Alkoholprobleme haben (sogar schon Zwölfjährige).
Viele Jugendliche rasten deswegen während des Trainings oder Wettspiels verbal oder auch manchmal körperlich aus.
Der Trainer hat die Aufgabe, diese Spieler solange es irgendwie möglich ist, zu beruhigen und zu integrieren.
Der Trainer oder die Trainerin darf hier Beleidigungen dieser Jugendlichen nicht persönlich nehmen (fällt manchmal sehr

Die D-Jugend

schwer, wie wir aus eigenen Erfahrungen kennen) und sollte immer wieder das persönliche Gespräch suchen. Die Mannschaft, der Trainer und der Verein sind oft familiärer Ersatz für die jungen Fußballer. Sollten sie diese Anlaufstelle auch noch verlieren, können die Jugendlichen sehr „tief fallen".

Der Trainer oder die Trainerin hat nun die Aufgabe, diesen „Problemkindern" zu helfen und ihnen zu zeigen, wie wichtig sie für die Mannschaft sind.

Die Kinder / Jugendlichen brauchen nun häufig Erfolgserlebnisse und diese müssen im Training geschaffen werden. Hierin liegt die wichtigste Aufgabe für den Trainer oder die Trainerin.

Hierbei muss folgendes beachtet werden:

Exkurs: Psyche und Motivation

Bei Sportlern gibt es zwei unterschiedliche psychische Stereotypen und zwar den Athleten "Hoffnung auf Erfolg" und den Athleten "Angst vor Misserfolg".
Diese Erscheinungsformen können unterschiedlich stark ausgeprägt sein.
"Hoffnung auf Erfolg" kann so extrem vorhanden sein, dass der Fußballer viel zu eigensinnig und egozentrisch agiert.
"Angst vor Misserfolg" kann so stark ausgeprägt sein, dass der Fußballer keine Verantwortung und kein Risiko übernehmen will und den Ball so schnell wie möglich weiterspielt (nur Sicherheitspässe).

Die D-Jugend

Hier muss der Fußballtrainer unterschiedlich auf die jugendlichen Fußballer eingehen. Der Athlet "Angst vor Misserfolg" braucht einen konsequenten Aufbau des Selbstvertrauens. Der Spieler wird im Training mit Aufgaben beschäftigt, die ihm Verantwortung abverlangen. Hierfür gibt es unterschiedliche Aufgabenstellungen, z.B. darf dieser Spielertyp in einem Trainingsspiel als einziger weite Bälle schlagen, den Freistoß oder die Eckball treten, Einwurf ausführen oder einen Angriff abschließen.
Weiterhin können diese Jugendfußballer in Spielen gegen wesentlich schwächere Mannschaften mit Führungsaufgaben eingesetzt werden. Hier ist die Wahrscheinlichkeit eines Erfolgs wesentlich höher und das Selbstvertrauen wird gestärkt. Der Spieler bekommt beispielsweise bestimmte Aufgaben wie, "gehe an der Außenlinie an deinem Gegenspieler vorbei, laufe bei einem Konter mit nach vorne, bei einem Anspiel schließt du mit einem Torschuss ab, du schießt den Elfmeter, du spielst überwiegend lange Bälle usw." Der Athlet „Hoffnung auf Erfolg" muss bei zu egoistischem Spiel gebremst werden. Diese Situation kann allein schon durch ein Gespräch mit dem Trainer bereinigt werden.
Bei einem Scheitern wird der Jugendfußballer mit leichten Sanktionen belegt. Bei Trainingsspielen darf dieser Sportler immer nur maximal dreimal den Ball pro Anspiel berühren, er darf nicht auf das Tor schießen, keinen Einwurf oder Eckball ausführen oder keinen Gegenspieler austricksen.
In einem Wettspiel kann dieser Fußballer z.B. nur mit Defensivaufgaben belegt werden (diese Maßnahme sollte allerdings bei einem offensiven Spieler maximal 15 Minuten

 **Die D-Jugend**

betragen, denn wird zu lange gegen die Spielernatur agiert, verliert der jugendliche Spieler das Interesse am Fußball).

Spieler zusätzlich motivieren

Motivation ist zunächst eine geistige Energieform, die in die Praxis umgesetzt werden muss. Diese Umsetzung muss effektiv auf ein bestimmtes Ziel eingesetzt werden und die Aufrechterhaltung bleibt bis zur Erreichung des Ziels.
In der Regel sind die meisten Jugendlichen in Bezug auf ihre gewählte Sportart motiviert bis stark motiviert (Ausnahmen treten bei familiären Problemen, Alkohol- oder Drogensucht, Übergewicht usw. auf).
Der Trainer hat die Aufgabe, die Motivation zu erhöhen und in die richtige Richtung zu lenken. Der Motivationsfaktor wird durch die Auswahl der optimalen Trainings- und Übungsformen erreicht, d.h. langweiliges und monotones Aufwärmen oder immer das gleiche Schusstraining sind z.B. zu vermeiden.
Die Schwachpunkte der einzelnen Spieler sind zu analysieren und müssen individuell trainiert werden. Dies kann z.B. über ein Stationentraining erreicht werden. An den Stationen wird z.B. Einwurf auf Weite trainiert, Schusstraining, Eckballtraining, Kopfballtraining, Passtraining, Fintentraining, Ausdauertraining, Sprinttraining und vieles mehr.
Die Spieler werden in Gruppen mit relativ gleichen spielerischen Defiziten aufgeteilt, und den entsprechenden Übungsstationen zugeteilt.

 # Die D-Jugend

Nach einiger Zeit wird die Station gewechselt und dabei den Gruppen verstärkt die Übungen zugeteilt, in denen sie den größten Nachholbedarf haben.

Welche Regeln sollte ein Trainer/in bei D-Jugendlichen im Trainingsbetrieb beachten oder aufstellen?

1. Die Kinder/Jugendlichen sind hier nicht mehr in der Schule. Gib Ihnen soviel Freiraum wie möglich, Disziplin und Strenge nur wie nötig.
Die Freiräume müssen aber mit deiner Aufsichtspflicht übereinstimmen. Auch nur ein kurzer Waldlauf z.B. ohne Aufsicht, ist nicht zu verantworten.

2. Halte Dich mit langen Erklärungen zurück. Vermeide die Schulung komplizierter Taktiken und lange Reden. Die Kinder wollen trainieren und spielen, von langem Zuhören und Geschwätz hatten sie schon genügend in der Schule.

3. Früher gelernte Verhaltensregeln, die auch noch in der D-Jugend unabdingbar sind, werden konsequent übernommen und vom Trainer/in durchgesetzt (wie z.B. pünktliches Erscheinen, geputzte Schuhe und saubere Trikots zum Wettspiel, wir fluchen nicht).

4. Kinder / Jugendliche, die hin und wieder „ausrasten", werden nicht aufgegeben. Wir halten diese Fußballer so lange es eben geht im Team und im Verein.

 # Die D-Jugend

5. Der Trainer oder die Trainerin darf Verhaltensweisen der Kinder nicht persönlich nehmen, solange es irgendwie möglich ist. Beleidigungen werden z.b. einfach überhört, abfällige Bemerkungen ignoriert (extreme Dinge werden allerdings angesprochen und geklärt).

6. Konflikte werden sofort geklärt, damit sich im Laufe der Zeit keine Aggressionen anstauen.

7. Der Trainer oder die Trainerin ist eine Autoritätsperson mit Vorbildfunktion. Du rauchst niemals am Sportplatz oder in der Öffentlichkeit (falls du ein Raucher bist), versuche möglichst nicht zu fluchen (Ausnahmen nimmt dir keiner übel), trinke keinen Alkohol vor den Kindern (zumindest nicht regelmäßig und schon gar keinen „Schnaps").
Sei möglichst immer pünktlich, die Kinder sollen deine Zuverlässigkeit bemerken.
Auch ist der Trainer nicht cool wie die Kinder. Wenn du versuchst wie die Kinder / Jugendlichen zu sein, finden sie das anfangs toll, mit der Zeit verlieren sie aber jeglichen Respekt.

8. Wenn du eigene Fehler machst, erkläre sie den jungen Fußballern und gestehe sie ihnen ein. Die Kids werden dich dann noch mehr respektieren.
Hast du z.B. ein Kind ungerecht behandelt, dann entschuldige dich dafür. Hieraus lernen die Kids, früher oder später, sich zu entschuldigen, wenn sie selber jemanden nicht korrekt behandelt haben.

 **Die D-Jugend**

9. Der Trainer oder die Trainerin fordert immer eine faire Mannschaft und faire Spieler. Bei grobem Foulspiel wird der Spieler allerdings nicht angeschrien oder schwer getadelt. Die Angelegenheit wird in einem vernünftigen Gespräch geregelt und sich beim Gegenspieler entschuldigt. Die jungen Fußballer werden auch stets dahin geführt, dass sie vor Schiedsrichtern höchsten Respekt haben.

 # Die C-Jugend

Das Kapitel „D-Jugend" gilt auch für die C-Junioren. Hier ist die Sache aber etwas komplexer und komplizierter, weshalb wir zusätzliche Informationen und Erklärungen geben müssen.

Bei Fußballspielern ab der C-Jugend besitzt der Trainer oder die Trainerin keine automatische Vorbildfunktion. Die Persönlichkeit der Führungsperson und ein motivierendes Training ist nun allein entscheidend.
Der Trainer/in muss in das gesamte Training einen hohen Spaßfaktor integrieren und trotzdem einen leistungsorientierten Fußball betreiben. Hierbei bleibt der Trainer oder die Trainerin nicht auf Distanz, die Spieler werden motiviert und für gute Leistungen gelobt.

Trainer und Betreuer einer C-Jugendmannschaft sollten stets ruhig, vernünftig und geduldig reagieren. Auch ein hohes Maß an Spaßverständnis sind unabdingbar, denn die stark pubertierenden Jugendlichen sind oft müde, gestresst, abgelenkt und unterliegen negativen Einflüssen von Nikotin, Alkohol, Drogen, Medien usw. Sie haben Schwierigkeiten in der Schule, mit den Eltern oder der Freundin.

Bei C-Junioren ist es von höchster Wichtigkeit, dass kein Spieler bevorzugt wird. Alle Spieler müssen gleich gelobt werden, weil in diesem Alter sonst sehr schnell Neid und Eifersucht entstehen.
Weiterhin sind die Jugendlichen in diesem Alter nur wenig kritikfähig und wollen keine Schwächen zeigen.

 # Aufbau der Trainingseinheiten

Ein Bloßstellen oder starkes Kritisieren eines einzelnen Spielers vor der gesamten Mannschaft darf niemals erfolgen.

In schwierigen Fällen und Entscheidungen in Bezug auf einen Spieler sucht der Trainer/in lieber das sachliche Einzelgespräch.
Der Führungsstil eines erfahrenen Trainers ist also eher besonnen und leicht autoritär. Die Spieler haben aber immer ein Mitsprache- und Meinungsrecht, die letztendliche Entscheidungsautorität liegt aber immer beim Trainer oder der Trainerin. Schließlich tragen diese auch die volle Verantwortung für die Jugendlichen.
Getroffene Vereinbarungen sind in der Regel von Spielern und Trainern gleichermaßen einzuhalten.

Aufbau der Trainingseinheiten

30 Trainingseinheiten werden ausführlich beschrieben, und gelten als Rahmentrainingsplan für eine gesamte Saison. Die Reihenfolge der einzelnen Trainingseinheiten entspricht dem chronologischen Verlauf der Saison. Natürlich haben wir in einer Saison 80 bis 120 Trainingseinheiten, aber die hier beschriebenen Einheiten gelten nur als Rahmentrainingsplan, und können für weitere Einheiten mehr oder wenige abgeändert werden. Weiterhin können natürlich einzelne Trainingseinheiten zwei- oder dreimal im Laufe einer Saison eingesetzt werden.
Auch müssen die Trainingseinheiten eventuell dem

 # Aufbau der Trainingseinheiten

Leistungszustand angepasst werden. Hieraus ergeben sich leichte Veränderungen im Trainingsaufbau.

Die ersten Trainingseinheiten beinhalten auch ein Grundlagenausdauertraining, das allerdings auf die ersten Wochen begrenzt bleibt, und dem Alter angepasst ist. D.h., das Training der allgemeinen Ausdauer bezieht sich auf eine relativ kurze Trainingsdauer.
Die Kinder und Jugendlichen sollen nicht den Spaß am Fußballtraining verlieren, sie sind keine Leichtathleten, sondern Fußballer, Techniker und Sprinter.

**Merke: Ein Grundlagenausdauertraining sollte niemals mit einem monotonen „Rundenlaufen" absolviert werden. Sonst geht der Trainer oder die Trainerin das Risiko ein, dass spätestens ab der 3. Trainingseinheit nur noch die Hälfte der Spieler erscheint. Weiterhin wird nicht angekündigt, in welcher Trainingseinheit ein Ausdauertraining stattfindet, damit dieses nicht von einzelnen Spielern „boykottiert" wird.
Führe so oft es geht ein Stationentraining durch. Hier kannst du mit unterschiedlichen Leistungsstärken der zusammengesetzten Gruppen arbeiten, ohne diskriminierend zu wirken. Gruppen, die mit einer Übung des Stationentrainings vollkommen überfordert sind, werden dort erst gar nicht eingesetzt.
Beim Stationentraining können individuelle Schwächen**

 ## Aufbau der Trainingseinheiten

einzelner Fußballspieler viel besser ausgemerzt und Stärken immer perfekter ausgebaut werden.

Die Dauer der Trainingsübungen, Aufwärmprogramme und Formen des Wettkampfspiels werden nicht festgelegt. Du richtest dich nach dem Spaßfaktor der Kinder. Bei großer Spielfreude lässt man die einzelnen Trainingsabschnitte etwas länger laufen und umgekehrt.
Bei einer Überforderung oder starken Unterforderung einer Trainingsübung wird diese sofort abgesetzt.

 # Aufbau der Trainingseinheiten

In der D-/C-Jugend ist ein monotones oder gleichbleibendes Aufwärmprogramm auf jeden Fall zu vermeiden. Die Kinder / Jugendlichen werden fast jedes Training mit einem anderen Programm überrascht, alleine das gibt schon einen Anreiz für das folgende Training.

Das Aufwärmen erfolgt sehr oft mit Ball, aber auch schon in der D-/C-Jugend werden verschiedene Laufprogramme ohne Ball in diesen Teil mit eingebaut.

Auch ein gelegentlich freies Aufwärmprogramm wird gestattet. Kinder / Jugendliche brauchen im Training und Wettspiel immer noch etwas Freiraum. Leider wird ihnen in vielen Vereinen (besonders höherklassigen) diese Freiheit nicht mehr gewährt. Die Verantwortlichen vergessen aber, dass sie es immer noch mit Kindern zu tun haben. So darf man sich nicht wundern, wenn dann viele Jugendliche sich ab der C-Jugend vom Fußballverein abwenden.

Merke: Ein Aufwärmprogramm wird fast immer mit einem effektiven Training in Bezug auf Taktik, Technik, Koordination und Ausdauer verbunden. Es soll also nicht nur das Verletzungsrisiko verringern oder immer nur Reize für die Kondition setzen. Fußballer sind keine Langstreckenläufer, die sich vor jedem Training 10 – 20 Minuten einlaufen müssen oder Sprinter, die vor jedem Training erst einmal ein 20 minütiges Sprinter ABC absolvieren sollen.

 # Aufbau der Trainingseinheiten

Auch noch in der D-/C-Jugend kann der Trainer oder die Trainerin ein freies Aufwärmprogramm erlauben. Bei relativ hohen Außentemperaturen besteht in diesem Alter fast keine Verletzungsgefahr, auch wenn die Kinder / Jugendlichen sich mit einer viel zu hohen Intensität aufwärmen.
Bei niedrigen Temperaturen (unter 10 Grad Celsius) sollte auf ein freies Aufwärmprogramm verzichtet werden. Schnappt sich hier einer den Ball, läuft „volle Pulle" auf das Tor zu und schließt mit höchster Schusskraft ab, kann bereits in diesem Alter ein Muskelfaserriss die Folge sein.
Bei niedrigen Temperaturen sollte der Trainer/in sogar ein kurzes lockeres Einlaufen anordnen. Jeder Spieler muss eine Runde um den Fußballplatz laufen (3 – 4 Minuten), bevor das weitere Aufwärmprogramm startet.
Jetzt wird die Verletzungsanfälligkeit in dieser Altersklasse fast auf „Null" herabgesetzt.
Die Ansage des Trainers oder der Trainerin lautet also z.B.: Kurzes Einlaufen, danach erkläre ich das weitere Aufwärmprogramm mit Ball.

Was heißt nun Aufwärmen durch Austobphase?

Wie schon erwähnt, kann der Trainer oder die Trainerin bei relativ hohen Außentemperaturen durchaus ein freies Aufwärmprogramm (zumindest ein Teil davon) in der D-Jugend erlauben.
In den ersten Minuten des Trainings dürfen die

 # Aufbau der Trainingseinheiten

Kinder / Jugendlichen sich frei bewegen, ob mit Ball oder ohne (die Wahrscheinlichkeit, dass sich ein kleiner Fußballer keinen Ball schnappt, ist allerdings gering). Sie dürfen laufen, werfen, schießen, usw. Sie können in Gruppen spielen oder sich allein beschäftigen. Hierbei bauen sie überschüssige Energie ab und die Konzentrationsfähigkeit für das weitere Training nimmt zu. Die „Austobphase" beträgt etwa 5 – 10 Minuten.

Merke: Aufgrund der Wichtigkeit der folgenden Aussage, wird diese hier noch einmal wiederholt. Lege keinen genauen Zeitplan für Trainingsübungen fest. Bei einem hohen Spaßfaktor für die jungen Fußballer wird die Übungszeit verlängert, bei geringer Spielfreude dementsprechend verkürzt.

1. Trainingseinheit

Austobphase

Die erste Trainingseinheit besteht aus einem lockeren Programm. Die Kinder / Jugendlichen dürfen sich frei „Aufwärmen", ob mit Ball oder ohne. Einzige Vorgabe lautet: keine Maximalsprints und Schüsse auf das Tor, nur submaximal (Effetschüsse).
Die ersten Trainingseinheiten finden bei relativ hohen Außentemperaturen statt, deswegen kann ein freies Aufwärmprogramm über 5 – 10 Minuten erfolgen.

Dribbeln im Viereck

Ein Feld wird abgesteckt und dabei der Spieleranzahl angepasst. In diesem Feld bekommt jeder einen Ball. Dieser soll geführt werden, ohne dass ein Mitspieler dabei behindert oder von einem anderen Ball berührt wird. Die Ausführung bestimmter Finten wird in diesem Aufwärmprogramm eingebaut. Diese Übung wird etwa nur zwei Minuten praktiziert, da sonst schnell Langeweile auftritt.

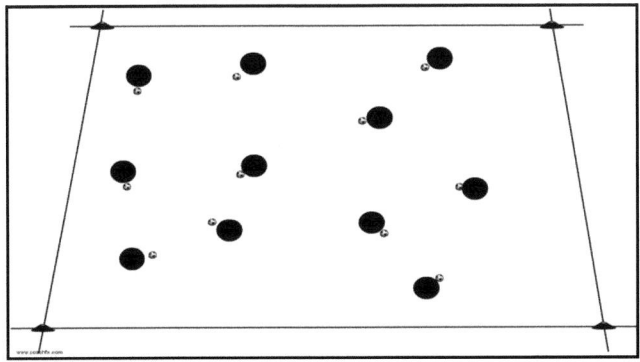

1. Trainingseinheit

"3 gegen 1" und "5 gegen 2"

Grundlagenübungen für die ganze Mannschaft sind das "3 gegen 1" und das "5 gegen 2". Beim "5 gegen 2" sollte darauf geachtet werden, dass die Spieler sich nicht nur auf die Ecken des Vierecks beschränken, sondern sich frei in dem Viereck bewegen. Dadurch werden die 3 Laufrichtungen ohne Ball trainiert. Beide Übungen bilden die Grundlage der Dreiecksbildung im Fußball.

3 gegen 1   5 gegen 2

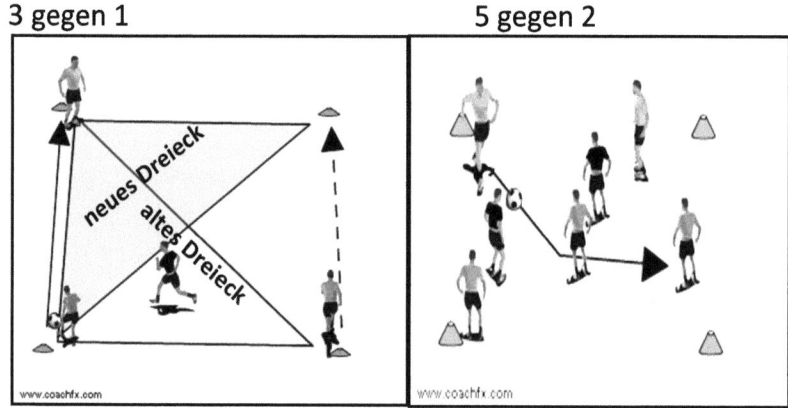

1. Trainingseinheit

3 gegen 3 mit einer festen Anspielstation

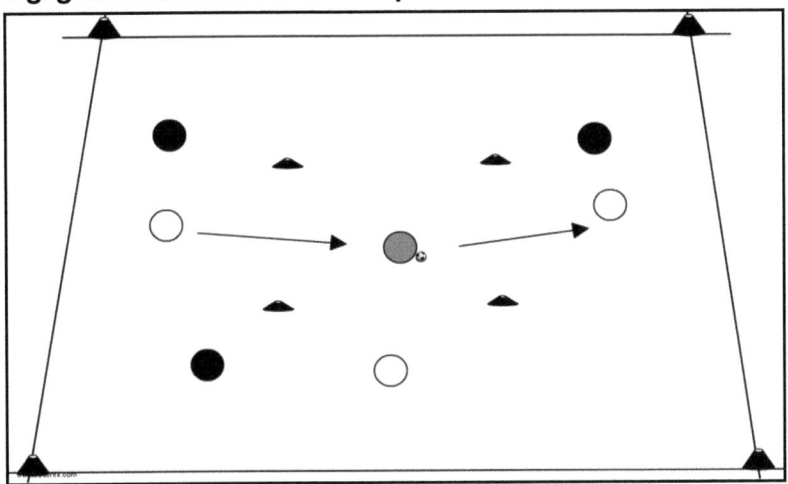

Übungsaufbau und Übungsablauf: Im abgesteckten Viereck spielen 3 gegen 3. Das mittlere kleine markierte Viereck darf nur vom neutralen Spieler betreten werden. Bei jedem 2. Pass muss der neutrale Spieler angespielt werden. Pässe durch das mittlere Viereck sind nicht erlaubt, wenn der neutrale Spieler nicht angespielt wird. Zuerst 3 Ballkontakte, dann 2 und 1.

Waldlauf

Nach unserem lockeren Trainingseinstieg beginnen wir jetzt mit dem ersten Grundlagenausdauertraining der Saison. Der Waldlauf wird in der D-Jugend auf 15 – 20 Minuten, in der C-Jugend auf 20 – 25 Minuten begrenzt. Dieser Zeitrahmen ist für diese Altersgruppen vollkommen ausreichend. Denken wir hierbei an die kurze Dauer eines Wettspiels der D- und

1. Trainingseinheit

C-Junioren. Weiterhin haben wir es hier nicht mit Leichtathleten zu tun. Eine längere Laufdauer wird für die Kinder / Jugendlichen in der Regel als langweilig empfunden. Für den „Sauerstofflauf" wird das interessanteste Gelände der Umgebung gewählt, am Besten natürlich ein kleines Waldgebiet. Bei nur einer Aufsichtsperson bleibt die Gruppe geschlossen. Die Aufsichtspflicht darf nie verletzt werden.

Abschlussspiel

Zum Abschluss und zur Belohnung wird ein lockeres und langes Fußballspiel genehmigt. Das Spiel wird relativ lange angesetzt, ohne taktische oder technische Vorgaben.

2. Trainingseinheit

Austobphase (siehe 1. Trainingseinheit)

Pärchen im Viereck

Übungsaufbau: Es wird wieder ein großes Viereck abgesteckt. In diesem Feld stehen mehrmals zwei Pylonen mit einem Abstand von etwa einem Meter nebeneinander. Die Größe des Feldes und die Anzahl der Pylonenpaare wird der Spieleranzahl angepasst.

Übungsablauf: Es werden Zweiergruppen mit jeweils einem Ball gebildet. Der ballführende Spieler dribbelt durch das Feld und darf nur durch ein Pylonenpaar zu seinem Partner abspielen. Ein Abspiel soll immer relativ schnell erfolgen.

Auch bei dieser Übung sollen die anderen Pärchen möglichst wenig gestört und auch Finten mit eingebracht werden. Hierbei wird hervorragend die Spielübersicht trainiert.

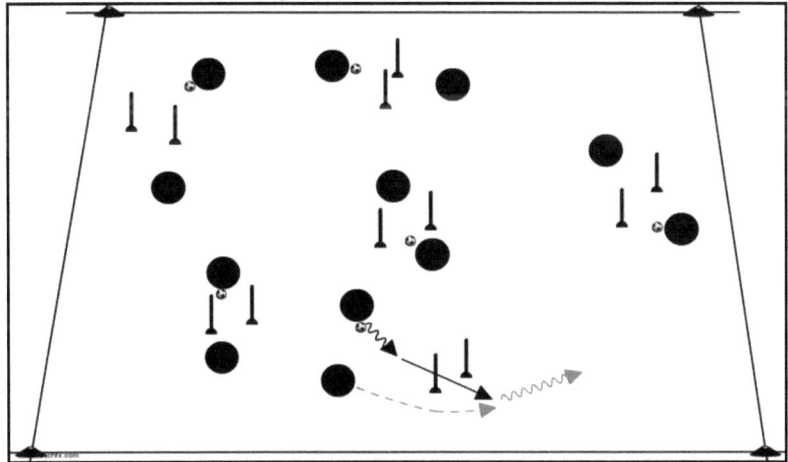

2. Trainingseinheit

Statisches Passspiel

Die Kinder passen sich den Ball abwechselnd mit der linken und rechten Innenseite zu. Der Ball wird zuerst gestoppt und dann direkt gespielt, wobei er durch zwei Hütchen gepasst werden soll. Die Entfernung ist abhängig vom Trainingszustand.

An dieser Station trainieren ein bis zwei Paare.

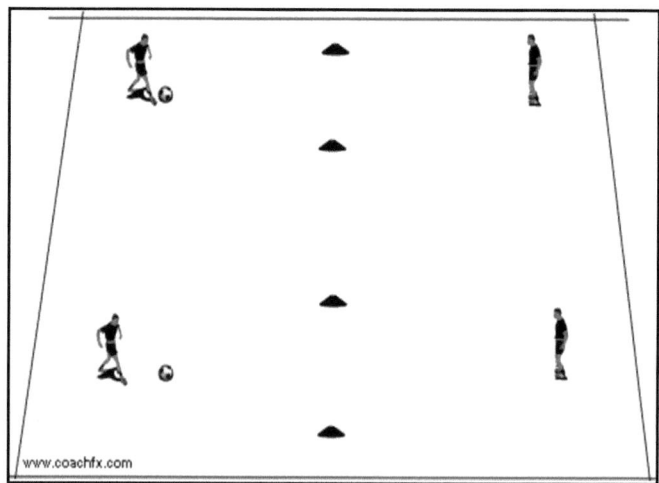

Statische Weitpässe

Die Zweiergruppen werden beibehalten. Es werden nun hohe Pässe geschlagen, die der Partner möglichst geschickt annehmen soll, bevor der Ball den Boden berührt. Nach der sicheren Ballannahme erfolgt der hohe Ball zurück zum Partner usw. (die Spieler wählen hierbei den höchstmöglichen Abstand zueinander).

# 2. Trainingseinheit

Bei der folgenden Übung wird der Schwierigkeitsgrad erhöht. In der Mitte der Zweiergruppe wird ein Gegenspieler positioniert, der versuchen soll, den Pass abzufangen. Er darf sich dabei nur im mittleren Drittel des Passbereiches befinden, also die Gegenspieler nicht direkt attackieren. Fängt er den Ball ab, werden die Positionen mit dem vorhergehenden Passgeber getauscht.

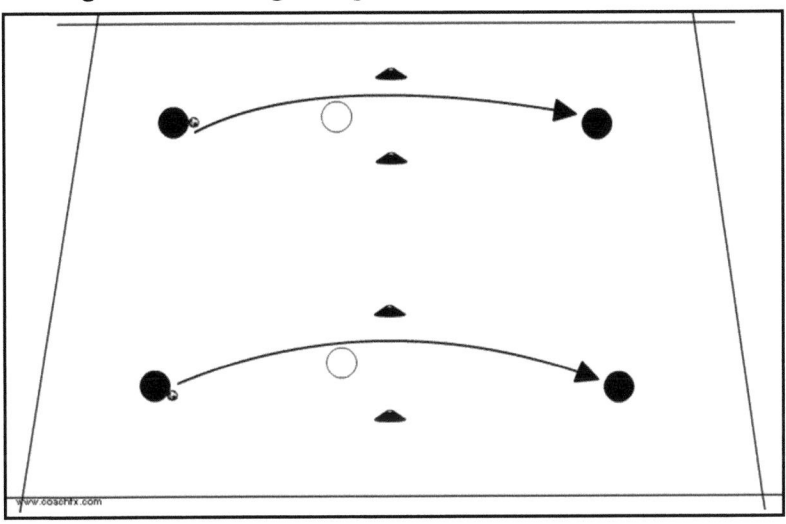

2. Trainingseinheit

Übungen zum „aktiven" Passen und Flanken

Flügelspiel mit Torabschluss

Übungsaufbau: Eine Gruppe mit Ball (schwarz) auf Höhe der Mittellinie, ein Hütchentor ca. 20m entfernt aufstellen, dieses Tor wird von Weiß verteidigt, 2 weitere Gruppen ca. 20m vor dem Tor, Schwarz (Stürmer), Weiß (Verteidiger)

Übungsablauf: Der erste Spieler mit Ball dribbelt auf das Hütchentor zu und versucht, den entgegenkommenden Verteidiger auszudribbeln, läuft weiter bis zur Grundlinie und flankt den Ball in den Strafraum. Der erste Stürmer läuft in den Strafraum und versucht ein Tor zu erzielen. Der erste Verteidiger versucht den Stürmer am Torschuss zu hindern. Hier sollten die Gruppen und Aufgaben öfter wechseln. Die Übung sollte auch von der linken Seite ausgeführt werden.

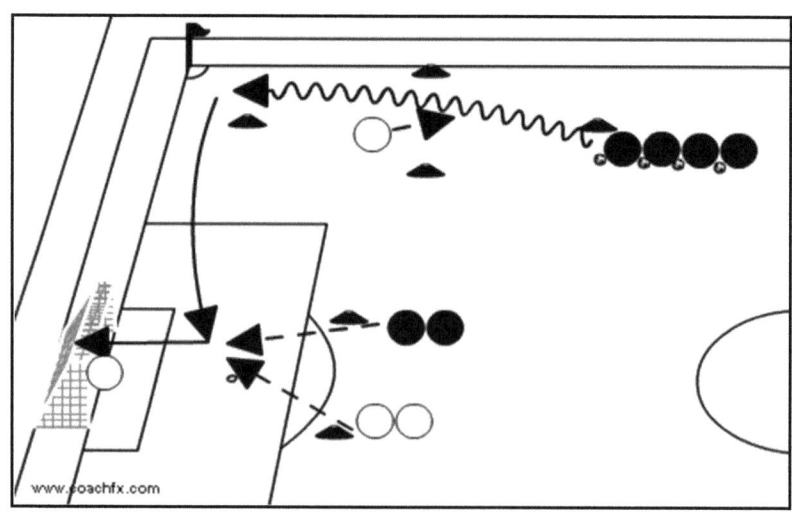

2. Trainingseinheit

Angriff über das zentrale Mittelfeld

Hier hat der zentrale Mittelfeldspieler mehrere Möglichkeiten, seine Mitspieler einzusetzen. Diese Handlungsspielräume sollten den Spielern aufgezeigt werden. Wir schlagen hier die folgenden Übungen vor.

1. Der Steilpass

Übungsaufbau:
- 2 Hütchen am Strafraum (im Abstand von ca. 20 Metern)
- an den Hütchen positionieren sich 2 Verteidiger u. 2 Stürmer
- 1 Hütchen zentral in Höhe der Mittellinie
- hier positionieren sich 3-5 Spieler hintereinander mit Ball
- 1 Hütchen an der Seitenlinie, ca. 20 Meter von der Mittellinie entfernt

2. Trainingseinheit

- hier positionieren sich 3-5 Spieler hintereinander ohne Ball
- 1 Hütchen an der Toraußenlinie

Übungsablauf:
- Der erste Spieler mit Ball dribbelt ein paar Meter und spielt einen Steilpass zum gestarteten Flügelspieler.
- Dieser dribbelt bis zum Hütchen an der Toraußenlinie und flankt in den Strafraum.
- Die Stürmer und der Passgeber sprinten in den Strafraum und versuchen die Flanke zu verwerten.
- Die Verteidiger laufen ebenfalls in den Strafraum und versuchen, den Abschluss zu verhindern.

Hier sollten die Aufgaben nach einiger Zeit gewechselt werden. Den Stürmern sollte klar gemacht werden, dass Sie mehrere Positionen im Strafraum einnehmen können.

Abschlussspiel

Zum Abschluss und zur Belohnung wird wiederum ein lockeres und langes Fußballspiel genehmigt. Das Spiel erfolgt ohne taktische oder technische Vorgaben.

3. Trainingseinheit

Sprinter ABC

Mit dem Sprinter ABC können wir ein Aufwärmprogramm ohne Ball durchführen und gleichzeitig werden Grundschnelligkeit und Beschleunigungskraft mittrainiert. Es empfiehlt sich, diese Art von Aufwärmprogrammen bei relativ hohen Außentemperaturen einzusetzen, da hier kein vorhergehendes Einlaufen erforderlich ist.
Das Sprinter ABC ist auch Teil eines Aufwärmprogramms vor einem Wettspiel bei Profis wie Amateuren.
Hat der Trainer das Sprinter ABC mehrmals mit den Jugendlichen einstudiert, können sie es vollkommen selbstständig auf das Stichwort "Sprinter ABC" absolvieren.

Bei Sprintern gehen die Übungen des Sprinter ABC's über 20 - 40 Meter und jeweils 3 - 5 Wiederholungen pro Übung. Im Jugendfußball beschränken wir uns auf 20 Meter und jeweils drei Wiederholungen pro Übung. Nach einem Durchgang gehen die Spieler ganz langsam zum Ausgangspunkt zurück und beginnen mit der nächsten Wiederholung.

Ein regelmäßiges Durchführen (mindestens einmal pro Woche) verbessert die Lauftechnik wesentlich und damit die Schnelligkeit und die Beschleunigung.
Die Jugendlichen lernen die optimale Körperhaltung beim Sprint, auch in Bezug auf Körperstreckung und Ballenlauf.

 # 3. Trainingseinheit

Sprinter-ABC

1. Fußballenlauf mit minimalem Knieheben:
Nur die Fußspitze wird aufgesetzt und die Fortbewegung ist langsam, die Knie werden nur minimal angehoben. Die Wiederholung der Bewegung variiert zwischen langsamer und maximaler Frequenz.

3. Trainingseinheit

2. Skipping:
Flacher Kniehebelauf mit submaximaler bis maximaler Frequenz

3. Kniehebelauf:
Maximales Anheben der Knie mit hoher Frequenz

3. Trainingseinheit

4. Anfersen:
Maximales Anheben der Ferse mit hoher bis maximaler Frequenz

5. Trippelschritte mit wechselseitigem Anreißen des Oberschenkels mit maximaler Geschwindigkeit:
Es erfolgen zum Beispiel 3 Trippelschritte, dann wird ein Oberschenkel ein bis dreimal angerissen (anderes Bein trippelt dabei weiter, Füße müssen ja weiterhin abwechselnd aufgesetzt werden), wieder 3 Trippelschritte und Beinwechsel beim Anreißen.

3. Trainingseinheit

6. wie zuvor, diesmal mit Ausschlagen des Unterschenkels:
Beim Anreißen des Beines wird zusätzlich der Unterschenkel nach vorne geschleudert.

7. Prellsprung:
Hopserlauf mit einem möglichst kurzen und kraftvollen Aufsetzen der Fußballen.

3. Trainingseinheit

Waldlauf

Nach dem Sprinter ABC erfolgt ein kurzes Grundlagenausdauertraining (siehe hierzu die Erklärungen aus der 1. Trainingseinheit).

Mehrere Abschlussspiele

Die Abschlussspiele sollten in der D-Jugend und C-Jugend 30 – 50% fast jeder Trainingseinheit ausmachen.

Was meinen wir mit mehreren Abschlussspielen?

Ein „freies" letztes Abschlussspiel sollte in der Regel immer erfolgen, die taktischen Anweisungen sind hier sehr begrenzt, jeder darf vorne oder hinten agieren.
Der Trainer oder die Trainerin spielt aber Schiedsrichter, Streitschlichter, Ratgeber, usw.

In der D-Jugend und C-Jugend sollten 2 - 3 Abschlussspiele eingebaut werden. Und nur das Letzte davon ist ein „freies" Abschlussspiel. Die Anderen beinhalten das Training von Kondition, Technik und / oder Taktik.
Die Abschlussspiele in der D-Jugend werden den kognitiven und technischen Fähigkeiten angepasst.

Vermieden werden sollten Abschlussspiele, in denen die Jugendlichen sich selbst überlassen sind. Schnell werden zwei Mannschaften gebildet, die ohne jegliche taktische

3. Trainingseinheit

Anweisung gegeneinander spielen. Vielleicht geht der Trainer oder die Trainerin schon duschen, fährt früher nach Hause oder hält mit einem anderen Trainer ein Schwätzchen, während die Kinder / Jugendlichen sich selbst überlassen bleiben.

1. Abschlussspiel

Es werden zwei Mannschaften mit jeweils einem festen Torwart gestellt.
Die Anzahl der Feldspieler beträgt 5 – 7 pro Mannschaft.

Übungsablauf:
1. Eine Mannschaft spielt auf das Tor mit dem Angriffsfeld. Schießt sie ein Tor mit einem Distanzschuss außerhalb des Angriffsfeldes, wird dieses Tor doppelt gewertet.

2. Dribbelt die Mannschaft in das Angriffsfeld und erzielt dann ein Tor, zählt dieses auch doppelt. Alle andere Tore, auch die der gegnerischen Mannschaft (diese spielt ja auf kein Angriffsfeld), zählen einfach.

3. Nach zehn Minuten werden die Seiten gewechselt und die andere Mannschaft spielt auf das Tor mit dem Angriffsfeld. Sieger nach 20 Minuten ist natürlich die Mannschaft mit den meisten Torpunkten (hier Torpunkte, weil manche Tore ja doppelt zählen).

3. Trainingseinheit

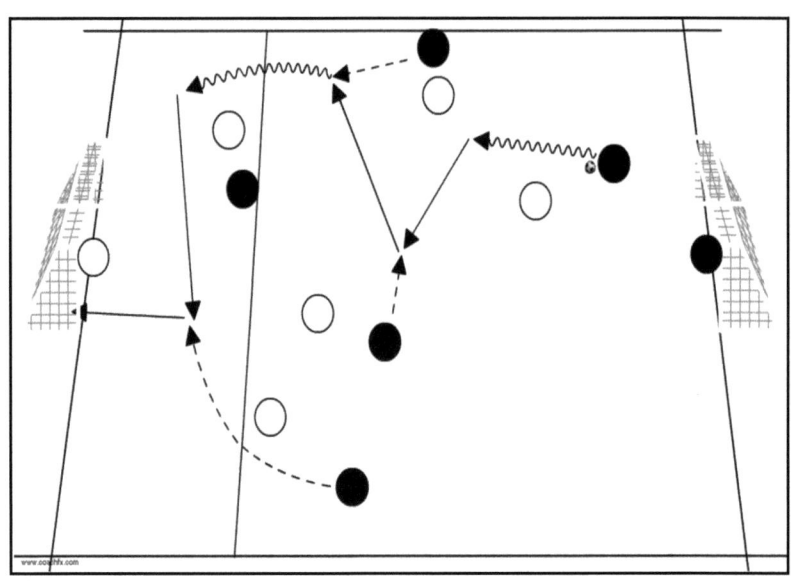

2. Abschlussspiel

Bei dieser Übung wird 5 bis 7 gegen 5 bis 7 auf zwei große und besetzte Tore gespielt. Erobert eine Mannschaft den Ball in der eigenen Spielfeldhälfte, müssen in dieser erst vier Pässe gespielt werden, bevor in die gegnerische Hälfte gepasst werden darf.

Variation: Unter den mindestens vier Pässen muss ein Doppelpass integriert werden.

 ## 3. Trainingseinheit

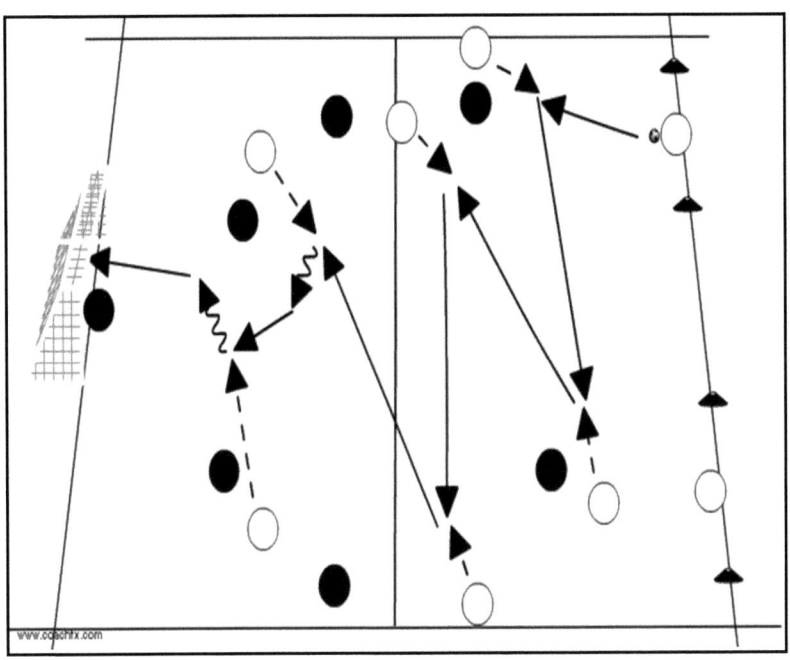

3. Abschlussspiel

Das dritte Abschlussspiel ist ein „freies" Spiel ohne technische oder taktische Vorgaben.

4. Trainingseinheit

Sprinter ABC

Die Einstimmung auf das Training erfolgt wiederum durch ein kurzes Sprinter ABC (siehe dazu die ausführliche Erklärung in der 3. Trainingseinheit).
30 Prozent des Trainings beinhalten heute die Förderung von Sprintbeschleunigung und Grundschnelligkeit.

Nach dem Sprinter ABC erfolgen 3 Sprints über 20 m aus ruhender Position mit maximaler Intensität. In diesem kurzen Sprintduell treten jeweils zwei Läufer gegeneinander an. Die Startauslage wird bei jedem Sprint gewechselt (aus dem Stand, Bauchlage, mit dem Rücken zur Sprintrichtung usw.)

Torschusstraining mit gleichzeitigem Grundschnelligkeitstraining

Die hier beschriebene Übung sollte häufiger in das Training integriert werden. Sie schult eine wichtige Kontereigenschaft, Sprintkriterien und die Verarbeitung der Ballannahme mit abschließendem Torschuss aus hoher Geschwindigkeit.

Übungsablauf: Die Jugendlichen stehen an der Mittellinie zentral vor dem Tor mit Torwart hintereinander in einer Reihe. Der Erste läuft an und beschleunigt submaximal (keine volle Beschleunigung), so dass er erst nach 20 Metern die höchste Laufgeschwindigkeit erreicht (bei voller Beschleunigung erreicht diese Altersgruppe die Höchstgeschwindigkeit schon nach 15 Metern).

4. Trainingseinheit

Die 20 Meter sind mit einem Pylonenpaar (parallel mit zwei Meter Abstand) markiert. Hier erreicht der Läufer seine Höchstgeschwindigkeit und hält diese über 15 Meter, dann durchläuft er ein zweites Hütchenpaar (gleich aufgestellt, etwa 15 Meter vom ersten Hütchenpaar entfernt), reduziert die Geschwindigkeit etwas und bekommt vom Trainer den Ball in den Lauf gespielt. Der kleine Fußballer soll nun den Ball mit dieser hohen Laufgeschwindigkeit verarbeiten, annehmen, kontrolliert vorlegen und mit einem wuchtigen Torschuss aus 16 Meter abschließen (je nach Schussstärke).
Nach diesem Torschuss startet der nächste Läufer, der Schütze befördert den geschossenen Ball wieder zum Trainer und stellt sich hinten in der Schlange wieder an.

Ist der Startläufer wieder an der Reihe, unterbricht der Trainer kurz und erklärt, welche Fehler gemacht wurden oder was noch besser gemacht werden kann (hier wird dann auch eine minimale Pausenlänge von zwei Minuten garantiert).

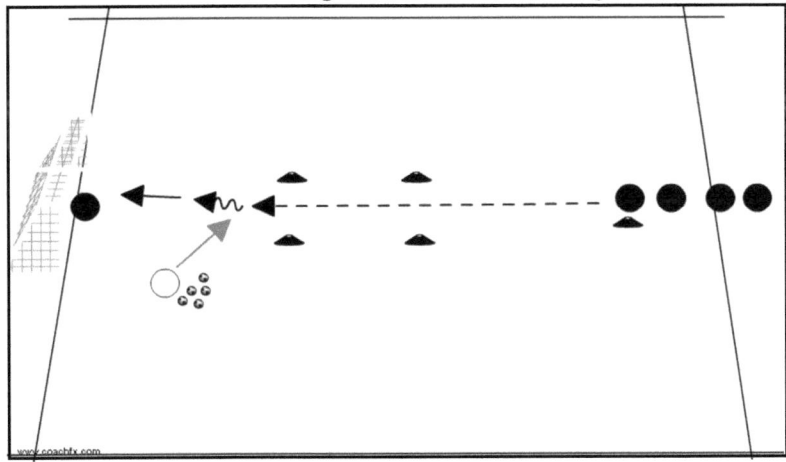

4. Trainingseinheit

Abschlussspiele

Nach diesem höchst anspruchsvollen Lauf- und Schusstraining werden zur Belohnung zwei Abschlussspiele durchgeführt.

Es wird z.B. 7 gegen 5 auf zwei besetzte Tore gespielt. Die Mannschaft in Überzahl darf nur mit jeweils drei Ballkontakten spielen. Nach einigen Minuten bekommt die andere Mannschaft die Überzahl und maximal drei Ballkontakte zugesprochen.
Diese Übung ist sehr anspruchsvoll und sollte maximal 2 x 5 Minuten gespielt werden, bevor das „freie Spiel" an die Reihe kommt.

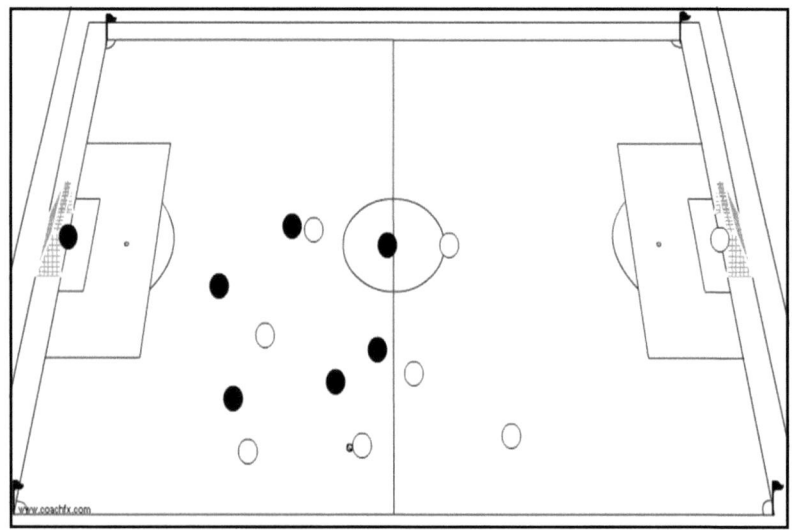

5. Trainingseinheit

Austobphase (siehe 1. Trainingseinheit)

Einleitungsteil / Techniktraining

Nahezu jede der hier aufgeführten Schuss- und Kopfballtechniken kann mit dieser Übung trainiert werden.

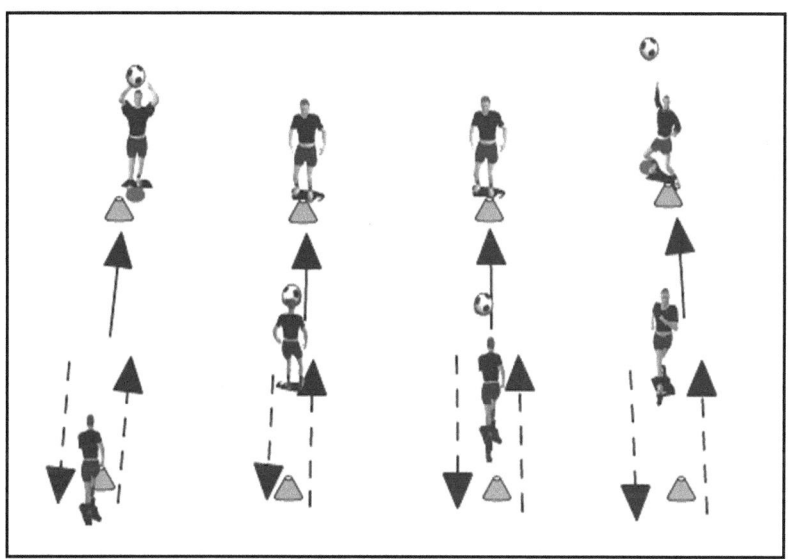

Übungsaufbau:
2 Hütchen werden im Abstand von 15 bis 20 Metern aufgestellt. Jedes Hütchen wird mit einem Spieler besetzt. Eine Seite mit Ball, die andere ohne Ball.

Übungsablauf:
Der Spieler ohne Ball trabt in Richtung seines Übungspartners, der ihm den Ball z.B. hüfthoch

5. Trainingseinheit

entgegenwirft. (Der Ball sollte so geworfen werden, dass er ca. 5 Meter vor dem Werfenden angenommen oder zurückgespielt werden kann.) Der Spieler ohne Ball spielt den Ball, in unserem Beispiel, direkt mit dem Innenriss zurück. Danach trabt er wieder in Richtung seines Hütchens und wendet an diesem. Jetzt läuft er wieder in Richtung seines Übungspartners und wiederholt die Übung 5-10-mal. Danach werden die Aufgaben getauscht. Hier können viele Techniken geschult werden mit je 5 -10 Wiederholungen. Zwischen den einzelnen Übungen kann der Aufbau für einen Wettkampf genutzt werden. Hier startet ein Spieler (mit oder ohne Ball) in Richtung seines Übungspartners und wendet an dessen Hütchen. Danach läuft er wieder zurück und wendet am eigenen Hütchen.

Welches Team schafft in einer Minute die meisten Runden? Danach geht es weiter mit der nächsten Technikschulung usw.

3 gegen 3 mit einer festen Anspielstation

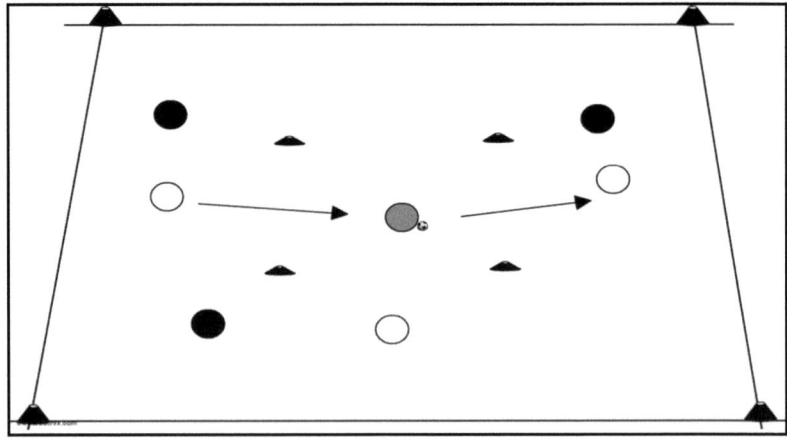

 ## 5. Trainingseinheit

Übungsaufbau und Übungsablauf: Im abgesteckten Viereck spielen 3 gegen 3. Das mittlere kleine markierte Viereck darf nur vom neutralen Spieler betreten werden. Bei jedem 2. Pass muss der neutrale Spieler angespielt werden. Pässe durch das mittlere Viereck sind nicht erlaubt, wenn der neutrale Spieler nicht angespielt wird. Zuerst 3 Ballkontakte, dann 2 und 1.

Stationentraining

Wir kommen hier zu einem ersten interessanten Stationentraining der Saison.

Hier werden gleichzeitig Technik und Kondition geschult. Spieler mit technischen Schwächen trainieren häufiger an den Stationen 2 und 4.
Spieler mit läuferischen Schwächen werden an den Stationen 2 und 3 eingesetzt.

5. Trainingseinheit

Die Stationen 2 und 3 gehen über einen Zeitraum von etwa 5 Minuten, die anderen Stationen etwa 10 Minuten.

Station 1: Hier wird der Torschuss im Strafraum und/oder Schüsse etwas hinter dem Strafraum trainiert.
Station 2: Es wird 3 : 1 gespielt mit ein oder zwei Ballkontakten.
Station 3: Es wird 2 : 2 gespielt mit kleinen Toren
Station 4: Es wird Ballhochhalten in der Gruppe trainiert

Zu 4.) Manche Jugendliche wachsen langsamer als andere und die Organkraft von Muskeln, Herz, Lungen kann sich damit auch wesentlich langsamer entwickeln. Diese Situation bewirkt nun, dass selbst ein guter Techniker sich oft gegen die Gegenspieler nicht mehr durchsetzen kann, da die Technik nicht mit genügend schnellen Bewegungen erfolgt.

Die größeren und schnelleren Gegenspieler drücken den kleinen Techniker zur Seite und selbst bei einem Austricksen haben sie ihn schnell wieder eingeholt.

Ein Spieler mit einer langsameren körperlichen Entwicklung und schlechter Technik ist hoffnungslos unterlegen, technisch und konditionell.

Solche Spieler können aber in den kommenden Jahren die anderen in der Leistung einholen oder sogar überholen.

Wichtig ist, dass solche Jugendliche gegen schwächere Gegner oder eine tiefere Klasse aufgebaut werden, damit sie nicht die Lust am Fußball verlieren.

5. Trainingseinheit

Abschlussspiele

Die ersten Abschlussspiele trainieren die „Anspielbarkeit" und die fußballspezifische Ausdauer der jungen Fußballer und bleiben zeitlich auf 5 – 6 Minuten pro Übungsspiel begrenzt.

Anspielbarkeit

Die Anspielbarkeit eines Fußballers ist wiederum abhängig von konditionellen, technischen und taktischen Fähigkeiten, sowie das Selbstbewusstsein eines jungen Spielers. Ein weiterer Grund, warum ein Athlet nicht angespielt wird, ist die bewusste Ausgrenzung eines Spielers von der Mannschaft.
Dieses ist aber in der Regel bei Jugendmannschaften auszuschließen.

Übung 1 zur Verbesserung der Anspielbarkeit

5. Trainingseinheit

Übungsaufbau und Ablauf:
Zwei Mannschaften spielen 5 : 5 bis zu 10 : 10 mit entsprechender Feldgröße und vier kleinen Toren.
Bei größerer Spieleranzahl wird mit zwei Bällen gespielt. Jetzt kann sich kein Spieler mehr verstecken, und jeder Spieler wird häufig angespielt.
Ein Spieler, der sich nicht bewegt und freiläuft, fällt sofort auf und kann ermahnt werden.
Die Übung ist auch zur Verbesserung der fußballspezifischen Kondition hervorragend geeignet.
Die erlaubten Ballkontakte können im Laufe des Spiels auf drei bis einen reduziert werden, um das Spiel mehr und mehr zu beschleunigen.

Folgendes sollte bei dieser Übung beachtet werden:

- Die Spieler müssen den Gegner und die zu verteidigenden Tore stets im Auge behalten.
- Pässe genau spielen.
- Nach Ballverlust schnelles agieren in die Defensive.
- Auf die Chance des Ballgewinns warten.
- Die Konzentration muss ständig hoch sein und man ist fast immer anspielbar.
- Die Seite soll oft verlagert werden, um die Torwahrscheinlichkeit zu erhöhen.
- Schnelles Passspiel aufbauen und den Pass in die „Tiefe" suchen.
- Bei Ballbesitz auch die Positionen verändern und nicht zu phlegmatisch spielen.

5. Trainingseinheit

Übung 2 zur Verbesserung der Anspielbarkeit

Übungsaufbau und Übungsablauf:

Diesmal spielen 5 : 5 auf jeweils zwei kleine Tore auf der gleichen Linie. Die Trainingsziele sind die gleichen wie in der vorhergehenden Übung. Hier sind allerdings die Vor- und Rückbewegungen dem normalen Wettspiel ähnlicher. Die Anzahl der Ballkontakte wird im Laufe des Spiels wieder reduziert.

Bei dieser Übung sollte der Trainer überwiegend auf das "Spiel ohne Ball" achten. Es sollten immer wieder neue Dreiecke gebildet werden.

Die Anspielbarkeit wird durch die Bildung von Dreiecken, verbunden mit einen schnellen "sich lösen" vom Gegenspieler, enorm verbessert.

5. Trainingseinheit

Dies funktioniert aber nur, wenn der Trainer hier beim Fehlverhalten sofort unterbricht und den Spielern die Fehler aufzeigt.
Läßt der Trainer die Übung einfach nur laufen, so erzielt er nicht den gewünschten Effekt.

Freies Abschlussspiel

Das letzte und längste Abschlussspiel folgt ohne technische oder taktische Vorgaben.

# 6. Trainingseinheit

Einleitungsteil

Viereck mit Außenanspieler

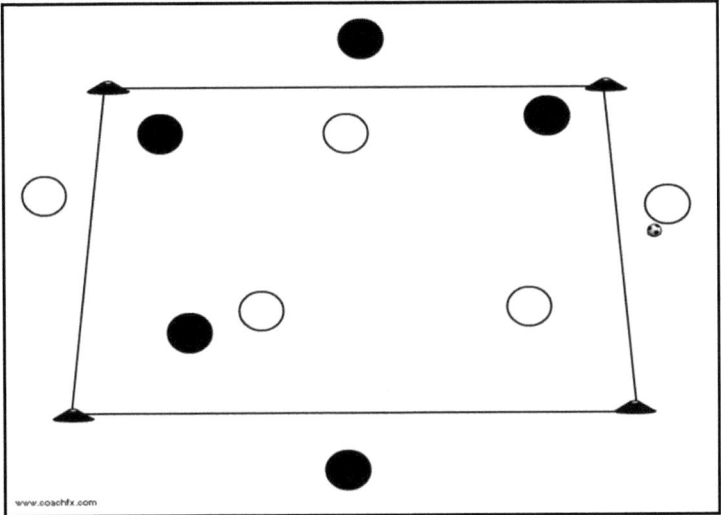

Übungsaufbau: Ein Feld von etwa 20 x 20 m mit vier Hütchen abstecken. Im Viereck wird 2 gegen 2 oder 3 gegen 3 gespielt. An jeder Außenlinie stehen noch Spieler (je zwei Anspieler pro Team).

Übungsablauf: Die Anspieler dürfen nicht ins Viereck laufen, dürfen aber auch nicht von den Spielern, die in der Mitte spielen, angegriffen werden. Sämtliche Spieler dürfen nur 2 Ballkontakte haben.

Die Aufgaben sollten hier öfter gewechselt werden.

Diese Übung eignet sich hervorragend, um das Spiel ohne Ball einzuüben. Hier ist es wichtig, dass der Trainer eingreift, wenn falsche Laufwege eingeschlagen werden oder zu risikoreiche Pässe gespielt werden.

6. Trainingseinheit

Viereck mit Eckanspieler

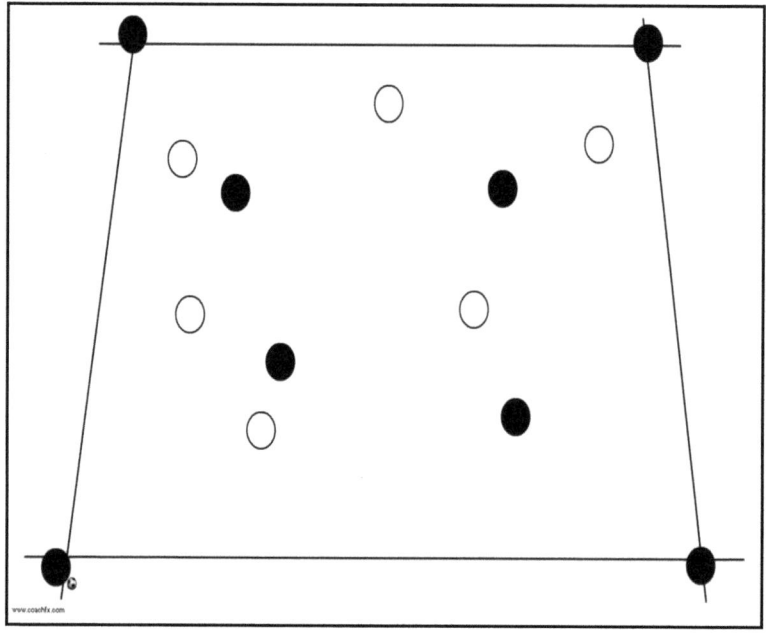

Übungsaufbau: Ein großes Viereck wird abgesteckt. Es werden 2 Mannschaften gebildet. 4 schwarze Feldspieler und an den Ecken 4 schwarze Anspieler. Diese spielen gegen 6 weiße Spieler.

Übungsablauf: Es wird auf Ballhalten gespielt, wobei die weißen Spieler nur 2 Ballkontakte haben dürfen. Die schwarzen Spieler wechseln regelmäßig ihre Positionen von Feldspieler zu Anspieler.

6. Trainingseinheit

Waldlauf

Diesmal wird der Waldlauf in Form eines Fahrtspiels absolviert. Die Laufgeschwindigkeit wird während des Laufes ständig verändert.

Beispiel: Der erste Kilometer wird ganz locker begonnen, dann 500 m zügig gelaufen, die nächsten 500 m wieder locker, gefolgt von einem Sprint über 50 – 100 m bergauf, 500 m gehen und noch einmal 1000 – 2000 m langsam traben.

Die weiteren Trainingseinheiten der Vorrunde beinhalten keine „Waldläufe" mehr. Diese bleiben während der gesamten Vorbereitung der Hinrunde auf 3 – 5 begrenzt.

Abschlussspiele

Zur Belohnung für das „harte" Ausdauertraining werden Abschlussspiele über mehr als die Hälfte der Trainingszeit eingesetzt.
Bei dem ersten beschriebenen Abschlussspiel trainieren wir den schnellen Angriff in Überzahl und den Konter. Gespielt wird auf zwei besetzte Tore. Die angreifende Mannschaft stellt vier Stürmer, die abwehrende drei Verteidiger.
Bei der verteidigenden Mannschaft stehen vier Spieler außerhalb des Spielfeldes neben dem Tor, bei der angreifenden Mannschaft drei Spieler außerhalb neben ihrem Tor.

# 6. Trainingseinheit

Spielregeln:

1. Der Angriff muss innerhalb zwei Minuten abgeschlossen sein, ansonsten müssen die Angreifer vom Feld und die drei wartenden Mitspieler werden zu Verteidigern.
Die wartenden vier Spieler werden jetzt zu Stürmern und bekommen den Ball usw. Jeder Angriff wird aber immer wieder auf zwei Minuten begrenzt.

2. Erlangen die Abwehrspieler den Ball, müssen sie sofort einen Konter einleiten und dürfen nur nach vorne laufen oder dribbeln. Sie suchen also den bedingungslosen Torabschluss. Nach dieser Aktion, egal ob Torabschluss oder Wiedererlangen des Ballbesitzes für die Stürmer, wird es auf die zwei Minuten angerechnet.

3. Beenden die Stürmer mit einem Torabschluss, wechselt natürlich auch das Angriffsrecht mit den jeweils neuen Spielern. Ecken und Freistöße werden ausgeführt, wenn sie innerhalb der zwei Minuten stattfinden.

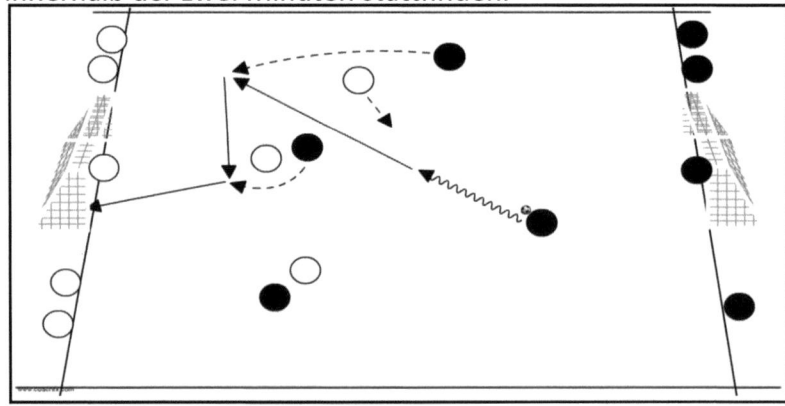

6. Trainingseinheit

Hier wird ein Abschlussspiel auf vier Tore gespielt.

Freies Abschlussspiel

Zuletzt wird selbstverständlich wieder ohne taktische und technische Vorgaben auf zwei Tore gespielt.

7. Trainingseinheit

Austobphase (siehe 1. Trainingseinheit)

Einleitungsteil

3 gegen 3 mit einer festen Anspielstation

Übungsaufbau und Übungsablauf: Im abgesteckten Viereck spielen 3 gegen 3. Das mittlere kleine markierte Viereck darf nur vom neutralen Spieler betreten werden. Bei jedem 2. Pass muss der neutrale Spieler angespielt werden. Pässe durch das mittlere Viereck sind nicht erlaubt, wenn der neutrale Spieler nicht angespielt wird. Zuerst 3 Ballkontakte, dann 2 und 1.
Bei entsprechender Spielerzahl wird diese Übung natürlich an zwei oder drei Stationen gleichzeitig trainiert.

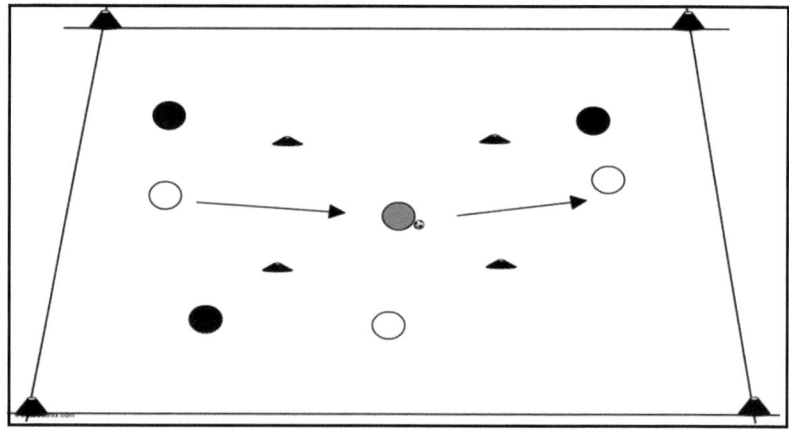

Grundlagenschusstraining

Merke: Im Laufe der Saison wird in der D- und C-Jugend immer wieder ein Grundlagenschusstraining absolviert. Um

7. Trainingseinheit

uns nicht zu wiederholen, erwähnen wir das nur in dieser Trainingseinheit. In diesem Alter befinden sich die Jugendlichen im besten Lernalter, Schusstechniken zu erlernen, zu verbessern und zu festigen. Hierbei laufen sie frontal oder seitlich auf das Tor zu, und schießen etwa von 16 Meter Entfernung unbedrängt auf das Tor.

Auch der direkte Abschluss nach einem Doppelpass wird immer wieder trainiert. Der Trainer oder die Trainerin gibt hierbei die Vorgabe der Schusstechnik (Vollspann-, Innenspann-, Außenspann- oder Innenseitstoß) oder das Schussbein an.

Hierbei sollen die jungen Fußballer nicht immer mit voller Kraft schießen. Es werden auch Vorgaben gegeben wie „links oben schlenzen" usw.

Weiterhin muss ihnen verdeutlicht werden, dass im Moment des Schusses nicht auf das Tor geschaut wird, sondern auf den Ball. Ansonsten trifft der Fuß den Ball nicht hundertprozentig, Schusskraft und Zielgenauigkeit gehen verloren.

Innenspannstoß

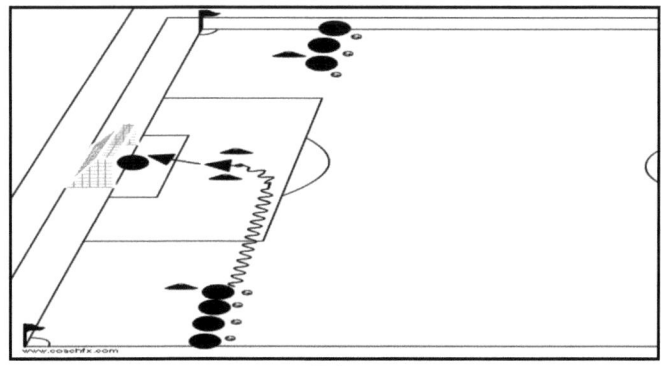

7. Trainingseinheit

Doppelpass mit der Innenseite und abschließendem Torschuss

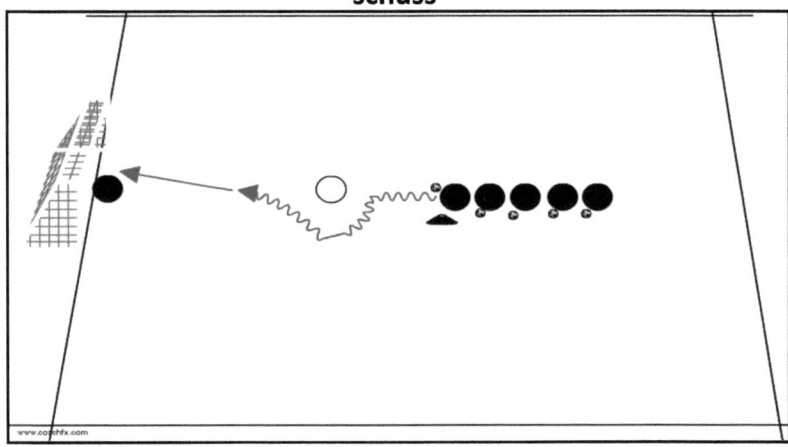

Fintentraining Hauptübung

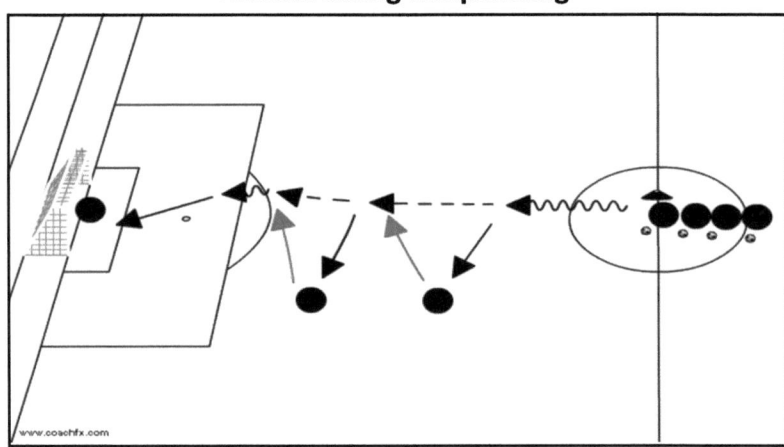

Abschlussspiel

Nach diesem längeren Schusstraining erfolgt ein freies Abschlussspiel.

8. Trainingseinheit

Sprinter ABC

Die Einstimmung auf das Training erfolgt durch ein kurzes Sprinter ABC (siehe dazu die ausführliche Erklärung in der 3. Trainingseinheit).

Einführung der Viererkette

Die Einführung der Viererkette kann schon in der D-Jugend beginnen, spätestens aber bei den C-Junioren. In mehreren Einheiten wird diese taktische Variante jeweils über 20 Minuten sukzessive trainiert. Um uns nicht zu wiederholen, schildern wir hier in einer Trainingseinheit den gesamten Ablauf des Viererkettentrainings. In der Praxis wird der folgende Übungsablauf aber auf mehrere Trainingseinheiten verteilt und auch wiederholt durchgeführt.

Die Viererkette,
oder: wie führe ich in 3 Wochen eine funktionierende Viererkette ein

"Früh übt sich, was ein Meister werden will" (Friedrich Schiller)

Das Training der Viererkette sollte in der D-Jugend beginnen. Es gibt Seniorenmannschaften, die schon jahrelang die Viererkette trainieren, jedoch Wochenende für Wochenende mit Libero spielen, weil die Kette einfach nicht funktioniert.

 # 8. Trainingseinheit

Und genau hier haben wir den Vorteil der Jugendarbeit. Die Spieler sind nicht mit alten Systemen vorbelastet und erlernen das moderne Spiel wesentlich schneller als Senioren.
Die Trainingseinheiten sollten jedoch nicht zu lange dauern, da sonst schnell der Spass verloren gehen kann.
Erste Regel: Wir haben Zeit.

Im Folgenden werden wir bei der Einführung der Viererkette sehen, dass folgende 3 Aussagen, die man immer wieder von Trainern hört, nicht korrekt sind:
    1. Bei der Viererkette spielen 4 Abwehrspieler auf einer Linie
    2. Eine Viererkette spielt auf Abseits
    3. Ich habe nicht die nötigen Spielertypen, um eine Viererkette einzustudieren

Zu 3) Jeder Spieler einer Mannschaft ist in der Lage, in der Abwehrkette zu spielen. Wie später erläutert wird, muss er hierzu bestimmte Fähigkeiten mitbringen. Bestimmte Fähigkeiten verlangen im Fußball jedoch alle Positionen. Punkt 1 und 2 ergeben sich aus der Abhandlung über die Viererkette.

Genau wie bei den Spielsystemen gibt es viele Interpretationen der Viererkette, wir behandeln hier immer nur eine. Die Viererkette unterteilt sich in 3 Hauptgebiete, die hier im Folgenden abgehandelt werden:

 # 8. Trainingseinheit

1. Funktion des Torwarts in der Viererkette
2. Das Aufbauspiel mit Ball
3. Das Defensivspiel ohne Ball

1. Funktion des Torwarts in der Viererkette

Der Torwart ist heute der moderne Libero, der Pässe des Gegners im und um den Strafraum abläuft.
Dies bedeutet: Er wird sich anfangs schwer tun, das Gehäuse zu verlassen, um einen gegnerischen Pass durch die 4-er Kette zu erlaufen. Aus diesem Grunde sollte man den Torhütern schon in der Bambini den Weg ins Spielfeld zeigen. Macht man einem Bambini-Torhüter klar, dass er nicht nur auf der Linie stehen muss, hat er in der D-Jugend keine Probleme das Gehäuse zu verlassen. Gleichzeitig muss der Torwart auch technisch gut trainiert sein, da er ins Aufbauspiel der Mannschaft integriert wird. Hier bietet er eine weitere Anspielstation.
D.h. zum obligatorischen Torwarttraining muss auf jeden Fall auch der Torwart beim Techniktraining der Mannschaft als Feldspieler betrachtet werden. Gleiches gilt für das Lauftraining, insbesondere für den Bereich der Schnellkraft.

Bestes Beispiel ist unser Nationaltorhüter Manuel Neuer, der durch seine Technik und Präsenz auf dem Platz auffällt. Ist ein Torhüter technisch nicht versiert, erhält er in der Regel kaum Anspiele und somit geht eine Anspielstation der Mannschaft verloren. Grundsätzlich gilt: Der Torwart sollte bei allen

8. Trainingseinheit

Trainingsübungen der Viererkette integriert werden, da er ein wichtiger Teil dieser Kette ist. Gerade der Torwart ist derjenige, der der Viererkette Anweisungen beim Spiel geben muss, da er den zentralen Blick auf die Kette hat.
Das ist auch nicht verwunderlich, da wie bereits mehrfach erwähnt, jeder Spieler im modernen Fußball vielfältige Aufgaben hat und nicht nur statisch seine Position hält.

2. Das Aufbauspiel mit Ball

Wir empfehlen bei der Einführung der Viererkette, mit dem Aufbauspiel zu beginnen.
Denn auch hier gibt es feste Verhaltensmuster für die Viererkette.
Alle Trainingsbeispiele werden hier für das System 4-2-3-1 vorgestellt, haben aber auch für andere Systeme Gültigkeit.
Bevor das Training beginnt, sollte der Trainer mindestens 5 Abwehrspieler und 3 Sechser benennen, damit beim Ausfall eines oder mehrerer Spieler nicht das ganze Spielsystem und damit die taktische Ausrichtung verloren geht.

Grundsätzlich geht es ab jetzt nicht ohne ein bisschen Theorie. Als erstes sollte der Begriff der "Kette" erläutert werden. Hier kann man anhand einer echten Kette das Verhalten erläutern, z.B. was passiert, wenn man an einem Kettenglied zieht? Was machen die anderen Kettenglieder usw.?

# 8. Trainingseinheit

Erklärung Kette: Was passiert, wenn an einem Kettenglied gezogen wird?

Die Grundaufstellung des Aufbauspiels

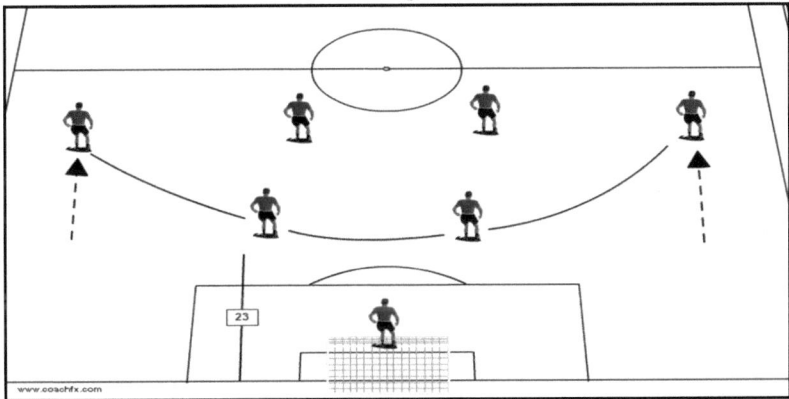

Die Grundaufstellung des Aufbauspiels sollte genau wie beim Defensivspiel ca. 23 Meter vor dem eigenen Tor beginnen (Hier wird an den Enden der Kette gezogen, sodass sich ein Halbkreis bildet). Die Aussenverteidiger (Enden der Kette) haben Offensivaufgaben in der Viererkette und rücken deshalb auf eine Linie mit den beiden Sechsern. Es entsteht

8. Trainingseinheit

eine neue Viererkette und diesmal auf einer Linie im Mittelfeld. Dies führt zu einer zahlenmäßigen Überlegenheit in Mittelfeld.

In der Praxis fällt auf, dass die Spieler (hier besonders die Innenverteidiger) sehr hektisch agieren, wenn es darum geht, den Ball durch die eigenen Reihen laufen zu lassen.
Dies liegt sicher an dem Phänomen, dass die Innenverteidiger hier oft zum ersten Mal mit einem geordneten Spielaufbau konfrontiert werden, d.h. es wird auch zurückgespielt. Es gilt, den Innenverteidigern klar zu machen, dass sie im Aufbauspiel 5 mögliche Anspielstationen haben und deshalb mit einer gewissen Gelassenheit ans Aufbauspiel rangehen können.

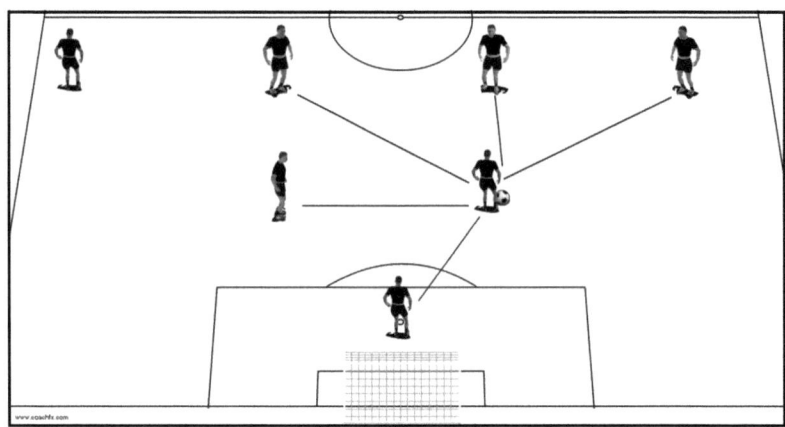

Übung 1
Als erste Übung sollten die 6 Positionen ohne Gegner den Ball durch die eigenen Reihen laufen lassen, wobei die

# 8. Trainingseinheit

Sechser immer auf einer Linie ballorientiert verschieben. Die Aussenverteidiger besetzen ihre Positionen nah an den Außenlinien, da das Spiel breit gemacht werden soll. Die Innenverteidiger verschieben hier nur leicht. Es entstehen hier unzählige Dreiecke. Diese sind das A und O des Aufbauspiels. Der Torwart sollte hier auch mit Rückpässen angespielt werden (siehe Grafik zur Übung 1a).

Übung 1a

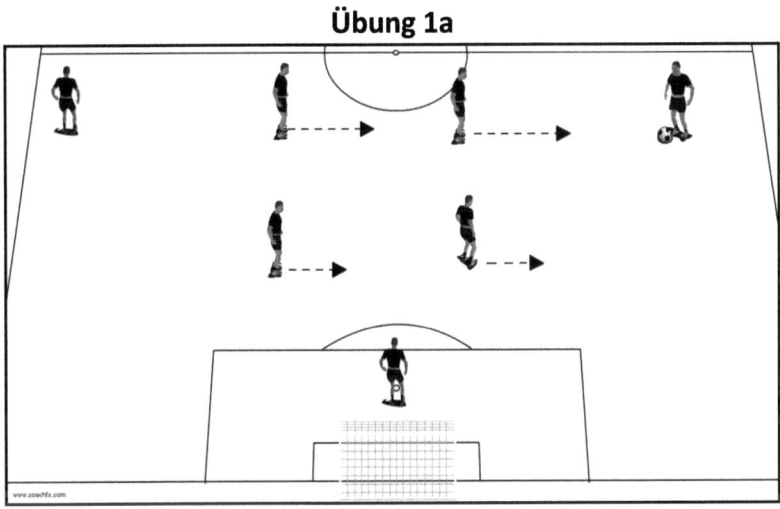

Mögliche Fehlerquellen:
Der Torwart wird nicht ins Aufbauspiel eingebunden.
Die Außenverteidiger rücken nicht schnell genug nach vorne.
Die Sechserpositionen verschieben nicht gleichzeitig.
Die Außenverteidiger rücken nicht weit genug nach vorne und außen.
Die Übung sollte so lange absolviert werden, bis ein klares Spielverständnis unter den Akteuren entsteht. Das

# 8. Trainingseinheit

Verschieben muss selbstverständlich sein. Zum Abschluss der Übung sollten 1-2 Ballkontakte ausreichend sein.
Wenn Übung 1a fehlerfrei gespielt werden kann, sollten jetzt aktive Gegner hinzukommen (Übung 1b). Der Übungsaufbau ist der gleiche. Man sollte hier mit 2 Gegenspielern anfangen, damit das so eben Erlernte nicht sofort mit einer Drucksituation wieder verloren geht. Werden die 2 Gegenspieler beherrscht, nimmt der Trainer einen dritten Gegenspieler hinzu. Dies wird bis auf 4 Gegenspieler weiter ausgebaut. Im Wettkampf hat die Abwehr genau diese Situation in der Regel zu bewältigen, d.h. der Gegner agiert mit 2 Stürmern und 2 offensiven Mittelfeldspielern.

Übung 1b

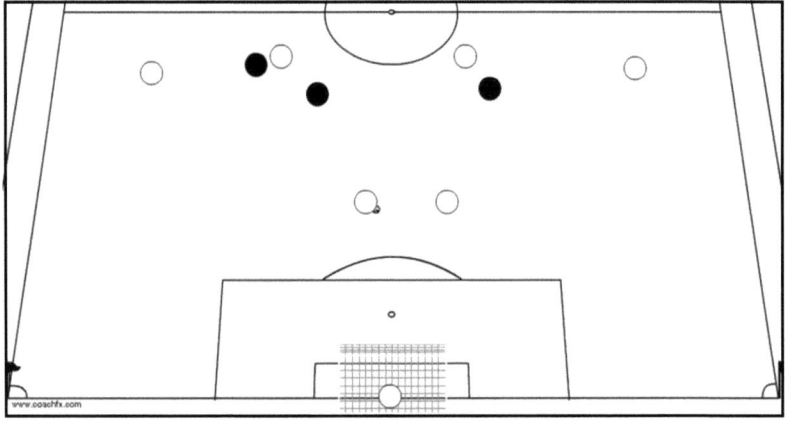

Übung 2

Spielanordnung: 2 Hütchentore werden auf Höhe der Mittellinie aufgebaut. Zuerst 3 dann 4 und am Ende gegen 5 Angriffspieler. Die Spieleröffnung macht hier der Torwart. Die

 # 8. Trainingseinheit

Defensivabteilung muss mindestens 5 und maximal 10 Pässe spielen, bevor ein Hütchentor durchdribbelt wird. Gelingt dies, startet der Angriff wieder beim Torwart. Fangen die Angreifer den Ball ab, so dürfen sie auf das Tor abschließen.

Übung 2

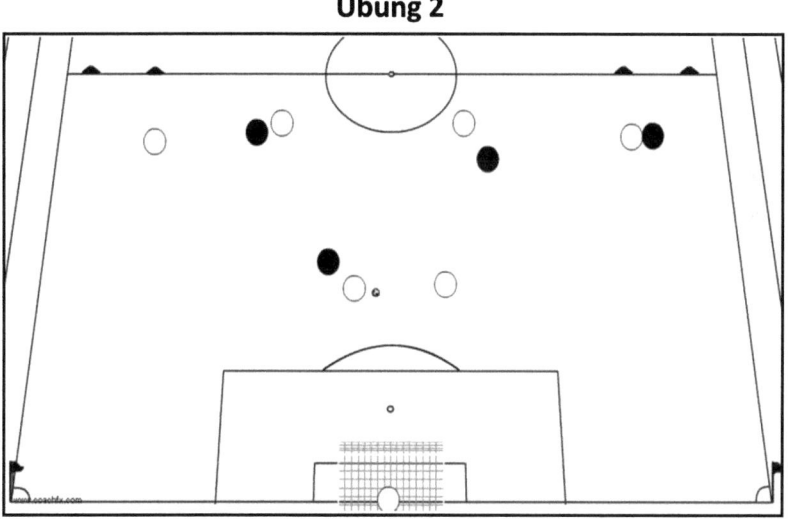

Die Außenverteidiger

Wie bereits erwähnt haben die Außenverteidiger (AV) Offensivaufgaben.
Leider sieht man im Amateurfußball immer wieder die Außenverteidiger beim Angriff an der Mittellinie stehen oder sie laufen dem Spiel hinterher.
Für den Außenverteidiger gibt es 2 effektive Möglichkeiten, sich in das Angriffsspiel einzuschalten:
Der AV wird durch einen Sechser per Doppelpass ins Spiel

8. Trainingseinheit

gebracht oder er hinterläuft den offensiven Außenspieler.

Doppelpass des AV und Hinterlaufen eines Mitspielers

Diese beiden Situationen sollten im Training mit den möglichen Außenverteidigern trainiert werden. Aber auch die Mittelfeldspieler sollten diese Form der Gruppentaktik beherrschen. Der Trainingsaufbau ergibt sich hier aus der obigen Grafik. 2 Hütchen sollten hier als Aufbau reichen. Aus unserer Erfahrung können wir sagen, dass gerade die Außenverteidiger oft Schwierigkeiten mit dem Offensivverhalten haben. Aus diesem Grund sollten diese beiden einfachen Übungen fester Bestandteil bei der Einführung der Viererkette sein. Denn ohne diese Basics wird ein vernünftiges Aufbauspiel nicht funktionieren.

Übung 3

In der letzten Übung des Aufbauspiels sollen jetzt die erlenten Offensivbemühungen der Außenverteidiger im Spiel gefestigt werden.

8. Trainingseinheit

Hierzu benutzen wir den gleichen Aufbau wie in Übung 2, jedoch zählen jetzt nur Tore der Außenverteidiger. Der Trainer sollte hier darauf achten, dass der gelernte Doppelpass und das Hinterlaufen eingesetzt werden. Sollte das nicht der Fall sein, muss das Spiel unterbrochen werden.

Wichtig: Dringt ein Außenverteidiger tief in die gegnerische Hälfte, verschiebt sich die Abwehr zu einer neuen Dreierkette.

Dreierkettenformation

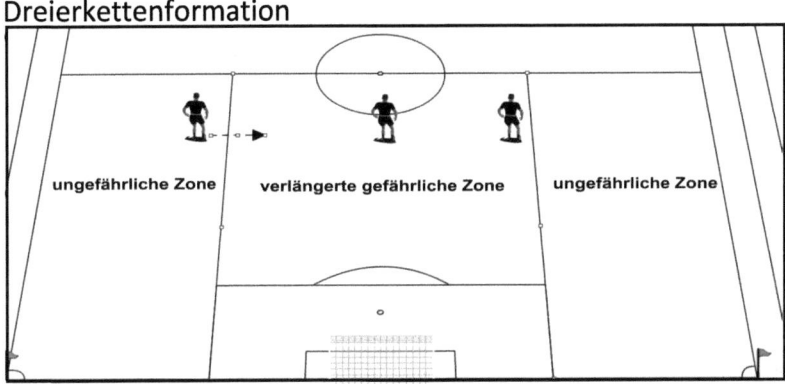

Bei der neu entstehenden Dreierkette sollten die 3 Abwehrspieler mehr zusammenrücken, um so den verlängerten 16-Meterraum abzudecken. Diese Zone ist die verlängerte gefährliche Zone, da der Weg zum Tor hier für den Gegner der kürzeste ist. Kommt der Gegner in Ballbesitz, so sollte der aufgerückte Außenverteidiger, wenn es seine Kräfte noch erlauben, so schnell wie möglich wieder mit den restlichen Abwehrspielern eine Viererkette bilden. Kann er das nicht, so rückt einer der Sechser in die Abwehr bis die Viererkette wieder gebildet wird.

8. Trainingseinheit

Die Sechserposition

Der moderne Sechser von heute ist der absolute Allrounder. Längst ist der Sechser kein reiner Zerstörer mehr. Er hat den Zehner als Spielmacher abgelöst. Er ist für die Ordnung und den Rhythmus im Spiel verantwortlich. Daher teilt man diese Position auch immer öfter auf zwei Spieler auf. Beim Spielaufbau ist er die zentrale Figur, die die Bälle verteilt und andere Spieler in Szene setzt. Somit ist er das Bindeglied zwischen der Abwehr und den Offensivkräften. Er hält den offensiven Mitspielern den Rücken frei, und versucht den Angriff des Gegners zu unterbinden. Deshalb sollten die Sechser bei den Übungen immer eine sehr hohe Anzahl von Ballkontakten haben. Der Trainer muss hier besonders auf das richtige Verschieben achten. Spielt eine Mannschaft nur mit einem Sechser, so sollte diese Position zentraler ausgelegt werden, da die Laufarbeit sonst nicht zu bewältigen ist.

Fehlerquellen beim Aufbauspiel des Sechsers:
- Häufig wird der Ball im Spiel nur nach vorne gespielt, somit findet kein Aufbauspiel statt.
- Die Außenverteidiger werden nicht mit horizontalen Pässen angespielt.
- Zu wenig Bewegung auf der Sechserposition und damit keine Dreiecksbildung.
- Es werden keine Rückpässe gespielt.
- Der Sechser schaltet zu langsam von Abwehr auf Angriff um.

8. Trainingseinheit

Wir empfehlen die Sechserposition mit einem starken Spieler zu besetzen, da die Aufgaben des Sechsers dieses erfordern. Sehr häufig sieht man im Profibereich, beim Spiel mit 2 Sechsern, einen offensiven und einen mehr defensiv ausgerichteten Sechser. Hier sollte jeder Trainer seine eigenen Erfahrungen machen.

Das Defensivspiel der Viererkette

Einleitung

Nachdem das Aufbauspiel der Viererkette einstudiert wurde, geht es jetzt an die Defensivarbeit der Viererkette. Wir behandeln hier wirklich nur die Basics der Viererkette, um die Spieler nicht zu überfordern.

Auch hier sollten mindestens 5 Abwehrspieler benannt werden, damit beim Ausfall eines oder mehrerer Spieler nicht das ganze Spielsystem und damit die taktische Ausrichtung verloren geht.

Ziel ist es, durch ballorientiertes Verschieben (horizontal und in die Tiefe) in Ballnähe Überzahl zu erlangen, mögliche Passwege zuzustellen und den Gegner vom Tor fernzuhalten.

Auch wenn nicht näher auf die Mittelfeldspieler eingegangen wird, so gilt hier folgende Regel: Das Mittelfeld verschiebt geschlossen Richtung Ball mit dem Ziel, Überzahl in Ballnähe zu schaffen. Genau wie beim Aufbauspiel geht es auch hier nicht ohne ein bisschen Theorie.

Auch hier sollte der Begriff der "Kette" erläutert werden. Hier kann man anhand einer echten Kette das Verhalten

8. Trainingseinheit

erläutern, z.B. was passiert, wenn man an einem Kettenglied zieht? Was machen die anderen Kettenglieder usw.?

Die Grundaufstellung in Zonen

Kommen wir nun zur Grundaufstellung der Viererkette. Diese sollte ca. 23 Meter oder weiter vor dem eigenen Tor beginnen. Im Unterschied zum Aufbauspiel stehen die Außenverteidiger hier zentraler und tiefer, da die Räume hier eng gemacht werden sollen. Für das Training ist es empfehlenswert, das Spielfeld in 4 Zonen zu unterteilen. Jeder Verteidiger steht in der Grundaufstellung in einer Zone (siehe Skizze).

Die Zonen B und C sind die gefährlichen Zonen, da von hier aus schnell Tore erzielt werden können. Der Torwart wird auch hier von Anfang an mit ins Training der Viererkette eingebunden, da er wie schon erwähnt, der moderne Libero ist, der Pässe des Gegners im und um den Strafraum abläuft und die Spieler der Viererkette dirigieren kann.

Die Grundaufstellung in Zonen

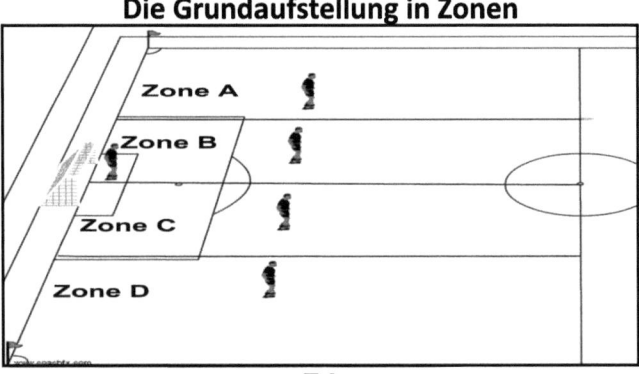

 # 8. Trainingseinheit

Wie aus der Grafik ersichtlich, sind die Zonen der Innenverteidiger (Zone B und C) kleiner als die Zonen der Außenverteidiger (Zone A und D).

Da die gefährlichen Zonen besonders effektiv abgesichert werden müssen, sind diese kleiner. Die unterschiedlichen Größen der Spielfelder führen dazu, dass die Zonen bei jedem Platz leicht verschoben werden müssen, damit die Zonen B und C immer kleiner sind als die anderen.

Dies hört sich am Anfang kompliziert an, ist aber von den Spielern leicht umzusetzen, wenn diese die Viererkette beherrschen.

8. Trainingseinheit

Die 2 Grundmuster der Viererkette

Bringt man die Viererkette auf ein einfaches Niveau, ergeben sich 2 Situationen für die Abwehrspieler, wenn das Mittelfeld schon im Rücken des Gegners ist:
- Der Angriff erfolgt über **Außen**.
- Der Angriff erfolgt über das **Zentrum**.

Diese beiden Situationen gilt es zu trainieren.

Angriff über Außen

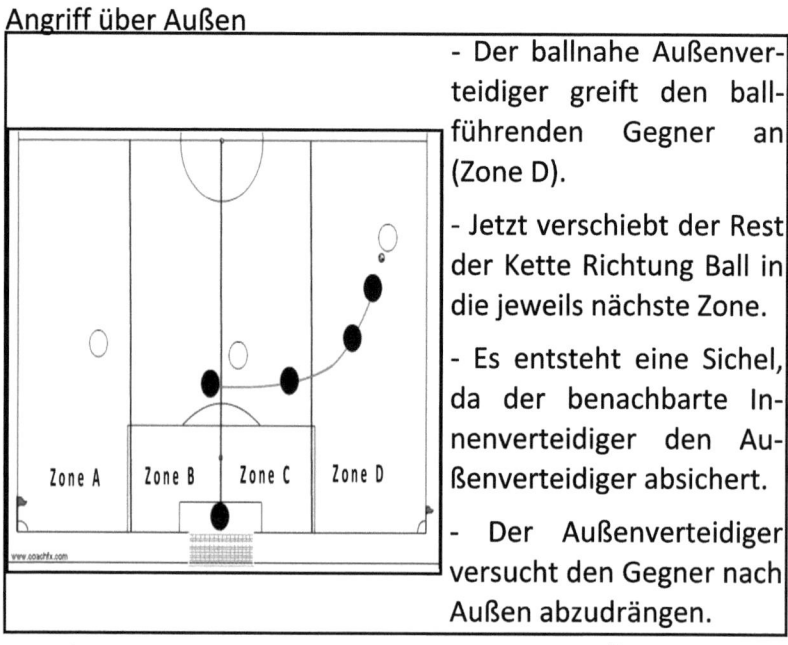

- Der ballnahe Außenverteidiger greift den ballführenden Gegner an (Zone D).
- Jetzt verschiebt der Rest der Kette Richtung Ball in die jeweils nächste Zone.
- Es entsteht eine Sichel, da der benachbarte Innenverteidiger den Außenverteidiger absichert.
- Der Außenverteidiger versucht den Gegner nach Außen abzudrängen.

Jetzt haben die Verteidiger eine zahlenmäßige Überlegenheit in der Zone, in welcher der ballführende Gegenspieler gerade agiert.

Der Gegenspieler in Zone A wird alleine gelassen, da er nur durch einen weiten Pass ins Spiel gebracht werden kann. Diesen kann der Abwehrspieler in Zone B jedoch erlaufen.

8. Trainingseinheit

Angriff über das Zentrum

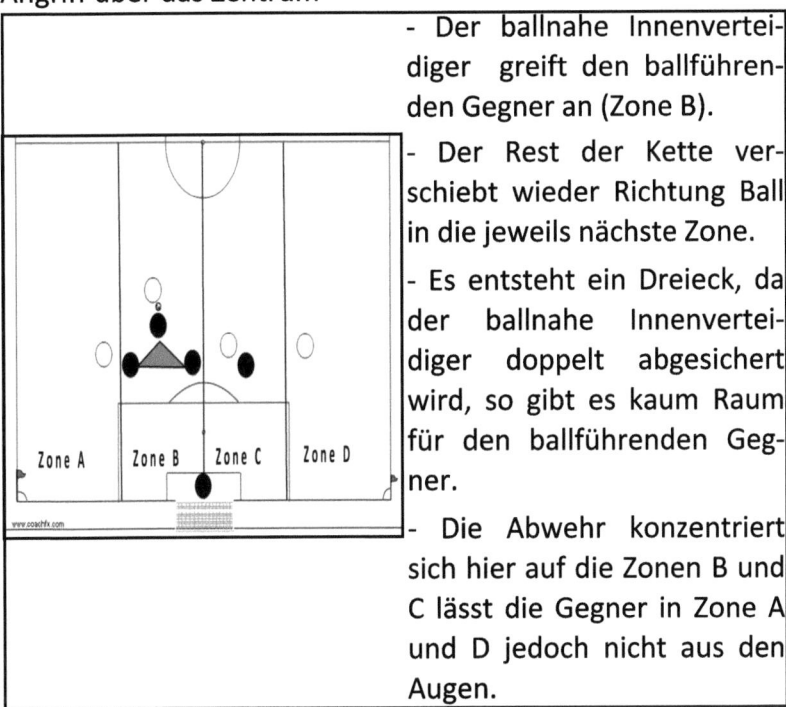

- Der ballnahe Innenverteidiger greift den ballführenden Gegner an (Zone B).
- Der Rest der Kette verschiebt wieder Richtung Ball in die jeweils nächste Zone.
- Es entsteht ein Dreieck, da der ballnahe Innenverteidiger doppelt abgesichert wird, so gibt es kaum Raum für den ballführenden Gegner.
- Die Abwehr konzentriert sich hier auf die Zonen B und C lässt die Gegner in Zone A und D jedoch nicht aus den Augen.

Regeln

Aus den 2 Grundmustern lassen sich folgende Regeln ableiten:
- Grundsätzlich verschiebt jeder Abwehrspieler eine Zone weiter (egal von wo der Angriff eingeleitet wird).
- Die Spieler in der Kette kreuzen nicht, sondern übergeben ihre Gegenspieler.
- Die Viererkette lässt sich nicht weiter als 23 Meter zum eigenen Tor drängen.
- Befindet sich der Gegner mit Ball weniger als 23 Meter zum eigenen Tor, so deckt man den Gegner direkt.

8. Trainingseinheit

Weitere Verhaltensweisen

Kommen wir nun zu einer weiteren neuen Situation der Viererkette. Hier befinden sich noch **eigene Mittelfeldspieler zwischen der Viererkette und dem zentralen ballführenden Gegner**. In dieser Situation rücken die Außenverteidiger vor, um mögliche Pässe abzufangen (siehe Skizze). Die Mittelfeldspieler versuchen den ballführenden Gegner zu doppeln. Auch hier muss den Außenverteidigern klar gemacht werden, dass der ungefährlichere Raum entlang der Linie nicht mit einer Manndeckung abgedeckt wird. Durch das Vorrücken der Außenverteidiger ist die Wahrscheinlichkeit eines Steilpasses minimiert. Vor allem haben die Außenverteidiger hier die Möglichkeit, im Zentrum auszuhelfen, falls dem Gegner ein Durchbruch gelingen sollte. Im Unterschied zu den beiden anderen Situationen, bleibt hier jeder Spieler in seiner Zone. Es wird also nicht verschoben.

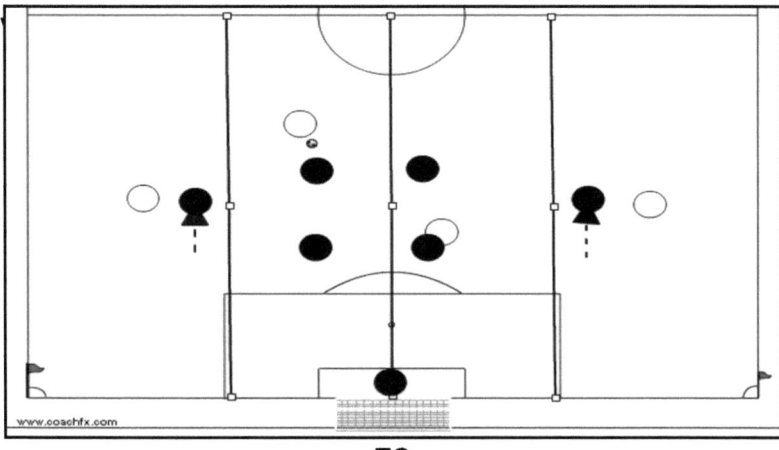

8. Trainingseinheit

Wie verhält sich die Viererkette, wenn sich noch **eigene Mittelfeldspieler zwischen der Viererkette und dem ballführenden Gegner am Flügel** befinden? In dieser Situation ändert sich das Verhalten der Viererkette, im Vergleich zum Verhalten ohne Mittelfeldspieler nicht, d.h., es wird eine Sichel gebildet. Der Mittelfeldspieler, attackiert den ballführenden Gegner. Falls dieser den Mittelfeldspieler ausspielt, haben wir exakt die gleiche Situation wie beim Angriff über die Flügel.

Sichelbildung, obwohl Mittelfeldspieler den ballführenden angreifen

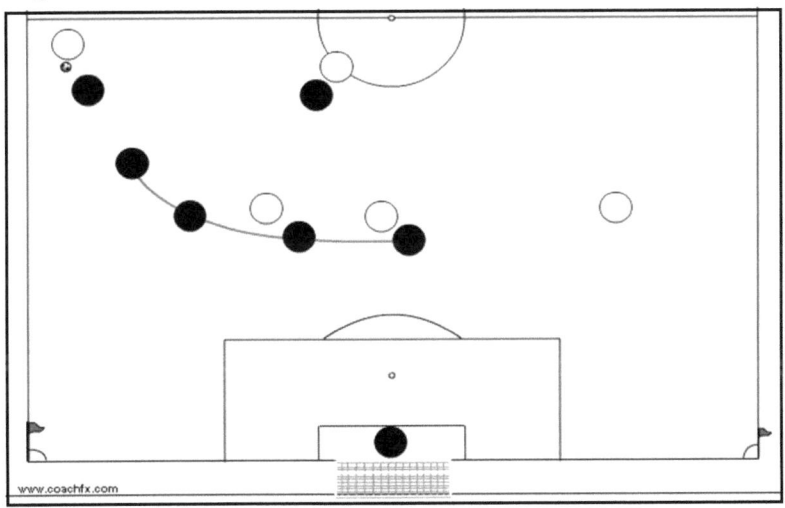

Bevor wir mit den Übungen zur Viererkette starten, fassen wir noch einmal kurz zusammen.
- Kommt der Angriff über einen Flügel, so wird **immer** eine Sichel gebildet
- Kommt der Angriff über das Zentrum, so hängt das

8. Trainingseinheit

Verhalten der Viererkette davon ab, ob sich noch eigene Mittelfeldspieler zwischen dem Ball und der Viererkette befinden.

Kommen wir nun zu den Übungen, um die Defensivarbeit der Viererkette zu erlernen. Wir unterscheiden hier statische und dynamische Übungen.
Wir beginnen mit den statischen Übungen. Wenn das Verschieben funktioniert, können wir zu den dynamischen Übungen wechseln.

Statische Übung

Übungsanordnung: Viererkette positioniert sich in den jeweiligen Zonen mindestens 23 Meter vor dem Tor / Vier Stürmer jeweils mit Ball und jeweils in einer Zone. Jede Zone erhält eine Zahl von 1 - 4.

Ablauf der Übung: Auf ein Trainerkommando 1- 4 startet der jeweilige Stürmer mit Ball Richtung Tor. Die Abwehr verschiebt wie vorher besprochen.

8. Trainingseinheit

Hier ist es jetzt besonders wichtig, dass der Trainer sofort unterbricht, wenn nicht richtig verschoben wird.
Mit dieser Übung wird die Sichelbildung und die Dreiecksbildung der Viererkette geübt.
Bevor weiterführende Übungen absolviert werden, sollte diese Übung fehlerfrei funktionieren.

Sichelbildung beim Trainerkommando 1 oder 4

Dreiecksbildung beim Trainerkommando 2 oder 3

8. Trainingseinheit

Dynamische Übung

Nachdem das Verschieben bei der statischen Übung funktioniert, ist jetzt bei gleichem Übungsaufbau nur noch ein Ball im Spiel.

Dynamische Übung

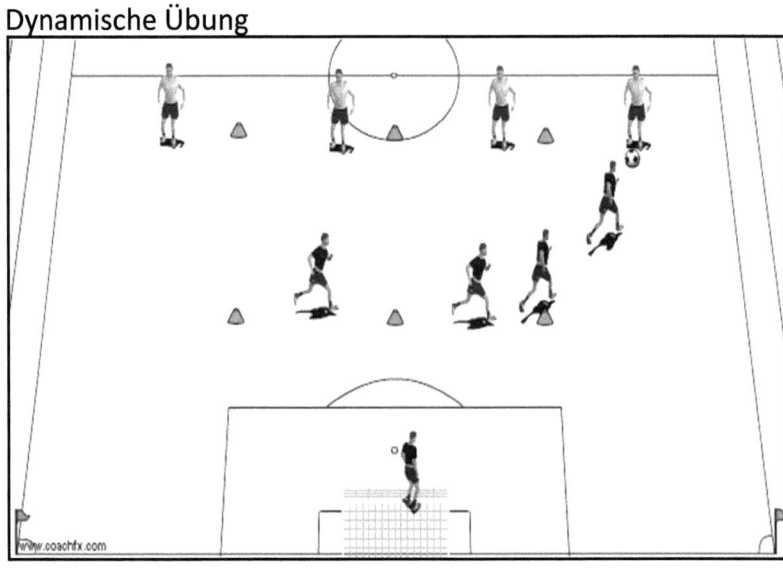

- Die vier Angreifer lassen den Ball jetzt durch die eigenen Reihen laufen (nach einer kurzen Vorwärtsbewegung).
- Die Abwehr muss nun ständig verschieben.
- Zuerst sollte der Ball von Zone A über B nach C und D laufen.
- Danach ohne feste Reihenfolge.
- Darauf achten, dass die 23 Meter Linie nicht aufgegeben wird.

8. Trainingseinheit

Wichtig: Das Tempo sollte am Anfang sehr niedrig sein und sich dann immer weiter erhöhen.
Der Trainer sollte hier erst eingreifen, wenn keine feste Ordnung der Viererkette mehr zu erkennen ist.

Weiterführende Übung

Funktioniert die dynamische Übung fast fehlerfrei, dann sollte man zum 6+1 gegen 5 übergehen, d.h., Torwart plus Viererkette und 2 Sechser auf 2 Hütchentore an der Mittellinie gegen 3 Stürmer und 2 offensiven Mittelfeldspielern aufs Tor.

6+1 gegen 5

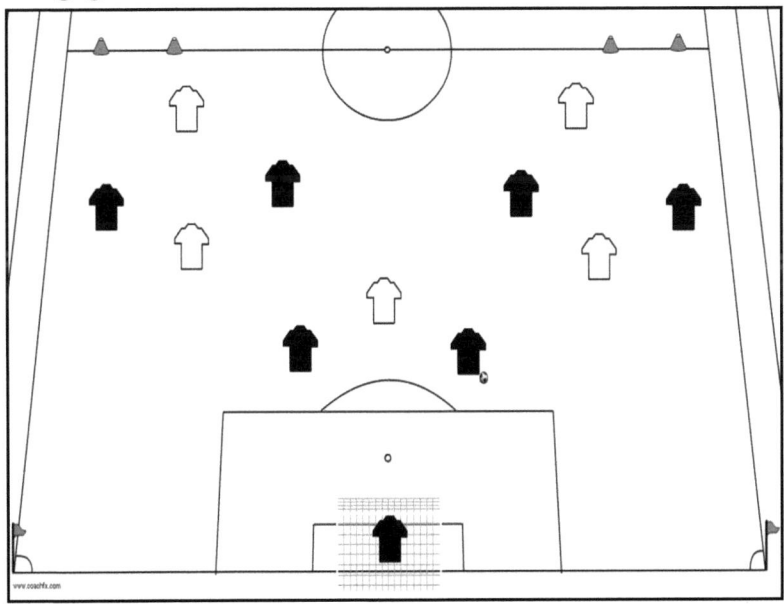

8. Trainingseinheit

Hier muss nun das Gelernte im Spiel umgesetzt werden, d.h. Aufbauspiel und Defensivspiel gleichermaßen.

Wichtig: Wie bereits erwähnt, kann man nicht davon ausgehen, dass alles Erlernte sofort umgesetzt wird.
Hier ist es sinnvoll, die einzelnen Aspekte immer wieder ins Training einzubauen. Hier reichen 20 Minuten sicherlich aus!

Abschlussspiele

Nach diesem anstrengenden Training der Gruppentaktik „Viererkette" erfolgen diverse Abschlussspiele mit technischen und taktischen Vorgaben. Zum Schluss wird aber wieder ein „freies" Abschlussspiel durchgeführt.

# 9. Trainingseinheit

Austobphase (siehe 1. Trainingseinheit)

Technik (Basistraining)

Wir stellen hier ein Grundlagentraininng für Fußballspieler jeden Alters vor. Diese elementaren Übungen sollten immer wieder ins Training eingebaut werden, um eine Ballsicherheit im Kurzpassspiel zu garantieren. Um uns nicht zu wiederholen, führen wir diese Übungsreihe hier nur einmal auf. Sie wird aber im Laufe der Saison mindestens 10 Mal eingebaut (die Übungen und auch die Reihenfolge können hierbei natürlich verändert werden).

1. Übung

Es werden Zweiergruppen gebildet, die etwa vier bis fünf Meter auseinander stehen. Ein Spieler ist in Ballbesitz, und wirft den Ball von unten zu seinem Partner in Knöchel- bis Kniehöhe zu. Dieser spielt den Ball direkt und halbhoch zurück. Der Werfer fängt den Ball und die Übung wird permanent wiederholt. Der direkte Kurzpass erfolgt mit der Innenseite, linker und rechter Fuß werden dabei abwechselnd eingesetzt.
Nach zwei Minuten werden die Aufgaben getauscht.

2. Übung

Die 1. Übung wird wiederholt, aber jetzt muss der direkte Kurzpass mit dem Vollspann erfolgen.

9. Trainingseinheit

3. Übung

Die ersten beiden Übungen werden erneut gestartet, aber der Schwierigkeitsgrad wird erhöht. Die Entfernung der beiden Spieler wird auf 10 Meter erhöht, und der Zuwurf wird mittels eines Einwurfes eingeleitet. Der direkte Pass kann jetzt auch mit dem Kopf gespielt werden.

4. Übung

Es werden Dreiergruppen gebildet. Ein Spieler mit Ball steht ca. 8-10 Meter von den anderen beiden Spielern entfernt. Die Spieler ohne Ball stehen dicht hintereinander. Der Spieler mit Ball wirft den Ball dem hinteren Spieler zu, der seinen Trainingspartner überspringt und den Ball per Kopf zurück zum Werfer spielt. Der vordere Spieler bleibt bei dieser Übung passiv. Die Aufgaben werden hier nach 5 Würfen gewechselt. Funktioniert die Übung einwandfrei, so wird die Entfernung und die Höhe des Ballwurfs erhöht. Funktioniert auch dieses, wird der vordere Spieler teilaktiv, indem er leicht abspringt. Zum Ende sind beide Spieler aktiv.

9. Trainingseinheit

5. Übung

Die Dreiergruppen werden beibehalten und der Schwierigkeitsgrad wird noch einmal erhöht. Der erste Spieler wirft ein, der zweite passt direkt auf den dritten Spieler der Gruppe, der wiederum auf ein besetztes Tor zuläuft, und aus etwa 16 Meter Entfernung mit einem Torschuss abschließt. Danach startet die nächste Dreiergruppe. Die Übung wird auch bei ungenauem Passspiel bis zu Ende durchgeführt.

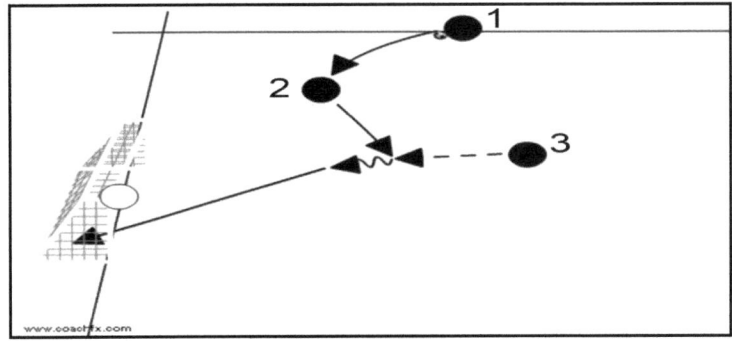

6. Übung

Die vorige Übung wird leicht verändert. Vor dem Torabschluss wird mit einem „festen" Zuspieler noch ein Doppelpass gespielt und der direkte Abschluss gesucht.

Abschlussspiel

Nach diesem anstrengenden Techniktraining werden die jungen Fußballer zum Schluss natürlich mit einem langen und „freien" Abschlussspiel belohnt.

10. Trainingseinheit

Aufwärmen über die Platzbreite

Auch hier kann der Trainer oder die Trainerin mit den jungen Fußballern ein weiteres „festes Aufwärmprogramm" einstudieren. Dieses Programm könnte er z.B. „Aufwärmen mittels Platzbreite" nennen und auch bei relativ niedrigen Außentemperaturen sinnvoll einsetzen.

Beispiel für ein „Platzbreitenprogramm":

1. Platzbreite hin und zurück traben

2. Erste Hälfte der Platzbreite traben, zweite Anfersen

3. Erste Hälfte Traben, zweite Kniehebelauf

4. Erste Hälfte Traben, zweite Laufen mit Armkreisen

5. Erste Hälfte Kreuzlaufen, zweite Kreuzlaufen mit dem anderen Bein

Kreuzlaufen: Hiermit ist das seitlich nach hinten überkreuzte Laufen mit dem gleichen Bein nach jedem zweiten Schritt gemeint. Nach einer Hälfte der Platzbreite wird das Bein gewechselt. Diese Übung dürfte fast allen Trainern bekannt sein. Sie fördert die dynamische Beweglichkeit in der Hüfte.
Bei dieser unnatürlichen Laufbewegung befinden sich beide Arme fast bis zur Waagerechten angehoben und sind relativ gestreckt und nach jedem zweiten Schritt überkreuzt hinten tatsächlich ein Bein das andere.

10. Trainingseinheit

Beispiel: Das rechte Bein setzt vorne auf, dann wird das linke Bein vorne aufgesetzt, aber gleichzeitig das rechte nach hinten gezogen und das linke Bein überkreuzt. Danach setzt das rechte wieder vorne auf usw.

Hat der Trainer/in dieses Aufwärmprogramm mehrmals durchgeführt, können D-Jugendliche dieses auch ohne Ansagen und große Kontrollen gemeinsam in der Gruppe absolvieren.

Dribbelübungen

Die heutige Trainingseinheit wird von Dribbelübungen dominiert.

Einleitung / Dribbelkreis

Drei Spieler stehen jeweils hintereinander, der Vordere ist in Ballbesitz und steht neben einer Pylone. Acht Meter von dem jeweiligen Startdribbler entfernt steht eine „Wendepylone".
Er dribbelt zu diesem Hütchen, zieht den Ball dort mit der Sohle zurück, dribbelt wieder zum Starthütchen. Hier übergibt er den Ball und stellt sich hinten an.
Zuerst soll die komplette Übung ausschließlich mit dem rechten Fuß durchgeführt werden, nach zwei bis drei Wiederholungen wird nur der linke Fuß eingesetzt.

 # 10. Trainingseinheit

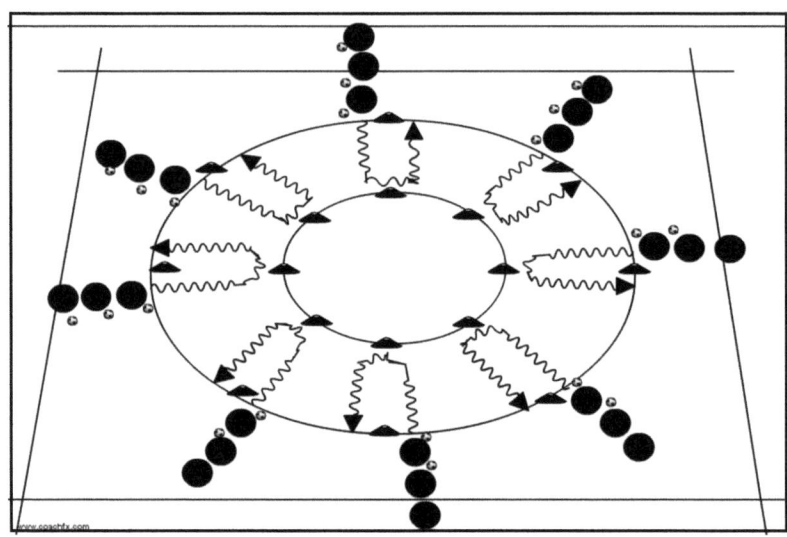

Danach erfolgt eine Variation der Übung. Die Spieler sollen sich komplett um das Hütchen mit enger Ballführung drehen. Auch hier wird die Übung anfangs nur mit dem rechten Fuß geübt, einmal erfolgt die Drehung im Uhrzeigersinn, dann entgegengesetzt.

Nach einigen Wiederholungen ist der linke Fuß dran. Zum Abschluss ist natürlich ein Wettkampf an der Reihe, mit Drehung in beliebiger Form um die Pylone. Jeder Spieler muss zweimal an den Start gehen.

Dribbel- und Zweikampftraining

Bei dieser Hauptübung wird ein Dribbelwettkampf durchgeführt.
Es werden zwei Mannschaften gebildet. Auf ein Startkommando laufen die Startläufer mit Ball los,

10. Trainingseinheit

durchdribbeln die Stangen. Dann durchlaufen sie das Tor innen (weiße Fahnen), umrunden die ausgewählte Fahne, müssen außen um die Pylone und dürfen jetzt zurückdribbeln oder passen. Der Ball darf erst zum nächsten Spieler gepasst werden, wenn sich der ballführende Spieler auf Höhe der letzten Stange befindet. Bei einem ungenauen Pass kann hier also Zeit verloren gehen. Die Mannschaft, die ihren letzten Dribbler mit Ball über die Startlinie bekommt ist natürlich Sieger.

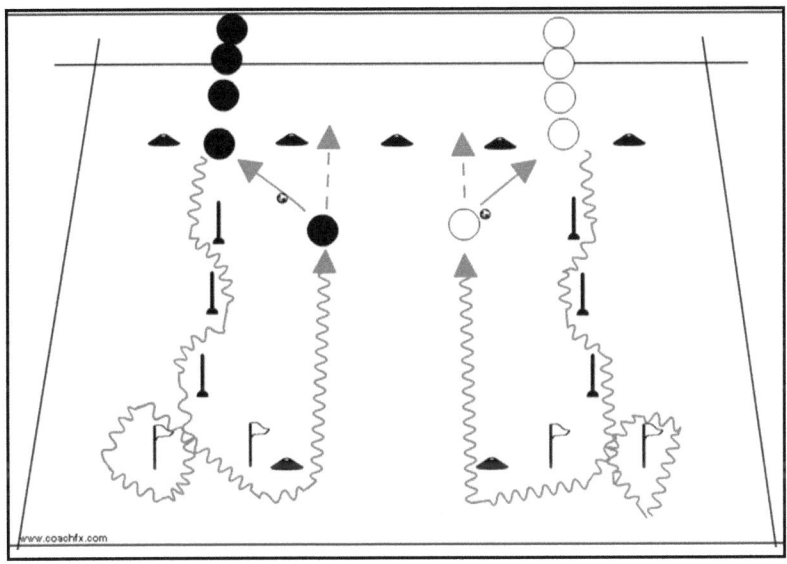

Jetzt wird auf ein großes besetztes Tor und zwei „Hütchentore" an der linken und rechten Außenlinie gespielt, wie in der folgenden Zeichnung erkennbar.
Ein Anspieler wird ausgesucht, der sich zwischenden beiden „Pylonentoren" postiert. Angreifer und Verteidiger werden paarweise zugeordnet.

10. Trainingseinheit

Ein Paar steht im Feld, die anderen warten an der Außenlinie. Der Anspieler bringt mit einem Einwurf den Angreifer ins Spiel, dieser versucht im Kampf „1 gegen 1" auf das große Tor abzuschließen. Erobert der Verteidiger den Ball, soll er diesen in ein „Hütchentor" befördern. Hierbei darf aber auch der Anspieler aktiv als Verteidiger eingreifen.
Nach Abschluss geht das nächste Paar ins Feld usw. Die Übung wird an zwei Stellen gleichzeitig trainiert oder in ein Training mit verschiedenen Stationen eingebaut.

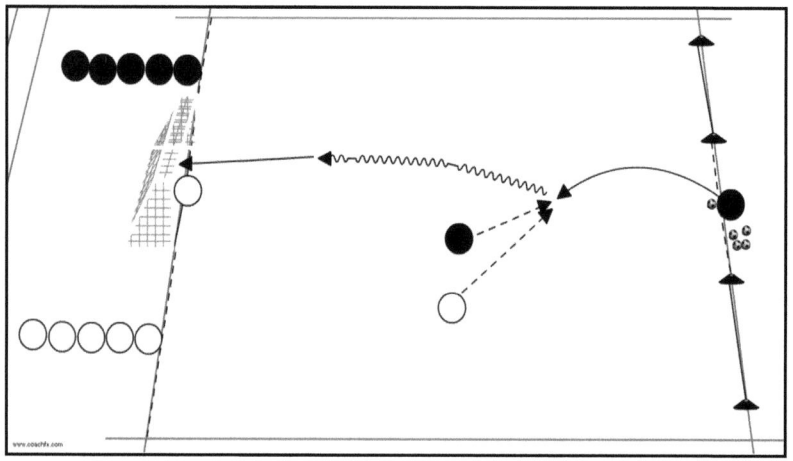

Im Anschluss daran wird eine Dribbel- und Geschicklichkeitsübung eingebaut.

Bei dieser Übung passt Spieler A zu Spieler B, dieser dribbelt mit dem Ball zu der Position von Spieler A und übergibt dem dem nächsten Spieler den Ball und stellt sich dort hinten an. Spieler A durchläuft die Fahnenstangen im Slalom mit höchster Geschwindigkeit und stellt sich auf der anderen Seite an usw.

# 10. Trainingseinheit

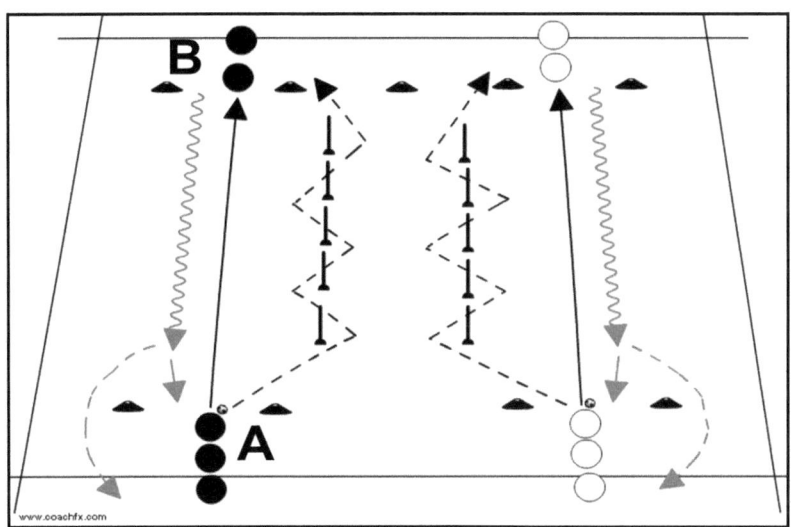

Abschlussspiele

Bei dem ersten Abschlussspiel dürfen Tore nur mit dem Kopf oder mit einer Direktabnahme erzielt werden, die Spielzeit wird hier auf höchstens 10 Minuten begrenzt.

Es wird z.B. 7 gegen 5 auf zwei besetzte Tore gespielt. Die Mannschaft in Überzahl darf nur mit jeweils drei Ballkontakten spielen. Nach einigen Minuten bekommt die andere Mannschaft die Überzahl und maximal drei Ballkontakte zugesprochen.
Diese Übung ist sehr anspruchsvoll und sollte maximal 2 x 5 Minuten gespielt werden, bevor das „freie Spiel" an die Reihe kommt.

Zuletzt erfolgt ein „freies" Abschlussspiel.

11. Trainingseinheit

Aufwärmen mit „Fußballtennis"

Mit Pylonen werden zwei Spielfeldhälften von jeweils 8 – 12 m markiert. In der Mitte der beiden Spielfeldhälften wird z.B. eine Zauberschnur in etwa 1,60 m Höhe gespannt.
Eine Mannschaft besteht aus 3 – 5 Spielern. Ein Spieler beginnt hinten und außerhalb der Grundlinie mit einem Einwurf in das gegnerische Feld. Die Zauberschnur darf dabei nicht berührt werden und muss überworfen werden. Der Ball muss natürlich auch im gegnerischen Feld landen.
Kommt der Ball außerhalb des Feldes auf und wurde vorher von keinem Gegenspieler berührt, erhält die gegnerische Mannschaft einen Punkt und das Einwurfrecht.

Fliegt der Ball regelkonform in die andere Hälfte, gibt es folgende Spielmöglichkeiten:
- direktes Rückspiel
- Rückspiel nach einmaliger Bodenberührung des Balles
- direktes Abspiel zum Partner
- Abspiel zum Partner nach einmaliger Bodenberührung

Das Abspiel darf beliebig oft direkt oder indirekt erfolgen. Landet der Ball dabei außerhalb des Spielfeldes, berührt zweimal hintereinander den Boden oder wird außerhalb des gegnerischen Feldes befördert, erhält der Gegner den Punkt und den Einwurf. Rotiert wird dabei wie im Volleyball.
Der Ball muss die Zauberschnur immer oberhalb passieren und darf diese nicht berühren.
Vor einem Abspiel oder Rückspiel in das andere Feld dürfen

11. Trainingseinheit

die Spieler den Ball auch beliebig oft „hochhalten". Nach einem Bodenkontakt, darf aber der gleiche Spieler nicht wieder den Ball berühren.

Die weiteren Regeln dürften sich aus dem Kontext ergeben. Regeländerungen lassen hier auch der Phantasie freien Lauf. Gespielt werden kann beispielsweise bis 11 oder 15 Punkten und drei Gewinnsätzen.

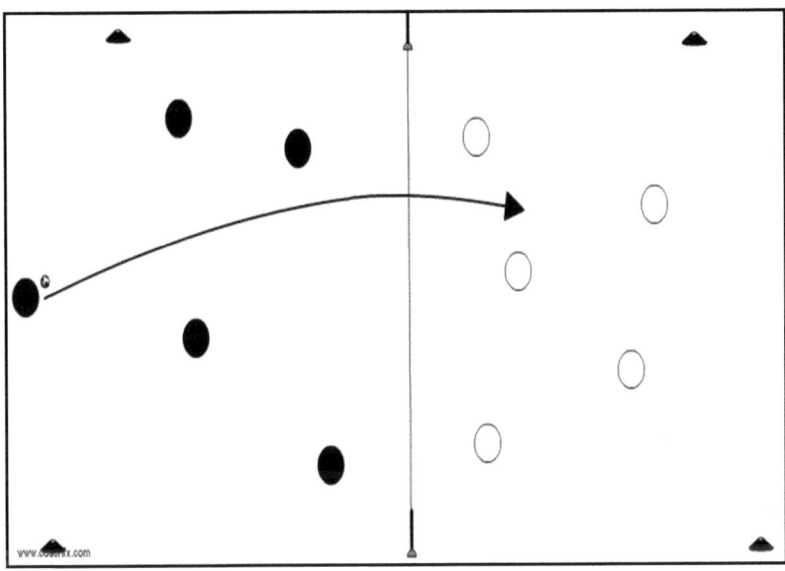

11. Trainingseinheit

Stationentraining (Standardsituationen)

Der folgende Hauptteil des Trainings sollte im Laufe der Saison mehrmals eingebaut werden. Es werden hier an drei Stationen die Standardsituationen (Eckball, Elfmeter und Freistöße) trainiert. Dieses Zirkeltraining kann über 40 – 60 Minuten angesetzt werden.
Jeder Spieler darf hier als Schütze agieren, allerdings wird auch jeder als Verteidiger und Torwart eingesetzt.
Es empfiehlt sich, an jeder Station einen Betreuer oder Trainer einzusetzen, der die jungen Fußballer motiviert, leitet, korrigiert und Verbesserungsvorschläge in Bezug auf Schusstechnik und taktische Mittel äußert.

1.Station: Elfmeterschießen

Hier werden mindestens vier Fußballer eingesetzt. Bei einem verschossenen Elfmeter tauschen Torwart und Schütze ihre Positionen. Erst erfolgt ein „freies" Elfmeterschießen, dann mit Vorgaben, wie „links unten", „rechts oben", verzögerter Anlauf oder Schießen mit dem „schwachen" Fuß.

2. Station: Eckball

Jetzt benötigen wir mindestens drei Angreifer, zwei Verteidiger und einen Torwart (vier bis fünf Angreifer und drei bis fünf Verteidiger wären allerdings ideal). Es empfiehlt sich hier, den Stammtorwart auf seiner eigentlichen Position einzusetzen.

 # 11. Trainingseinheit

Trainiert werden alle möglichen Varianten einer Ecke. Haben die Abwehrspieler den Ball abgewehrt, die Stürmer verwandelt oder ins „Aus" geschossen, bzw. der Torwart gehalten, wird der nächste Eckball ausgeführt.

3. Station: Freistoßvarianten

Hier gilt: Je mehr Spieler ich zur Verfügung habe, desto mehr Freistoßvarianten können trainiert werden. Der zweite Stammtorwart wird hier im Tor eingesetzt.

Wir behandeln hier Freistoßvarianten nahe dem Strafraum. Arbeiten mehrere Spieler zusammen, müssen alle Stationen „blind" funktionieren, d.h. niemand darf während der Durchführung schlafen oder seinen Einsatz verpassen.
Grundsätzlich gilt: Bei allen Freistößen haben die Stürmer die Aufgabe, dem Ball nachzulaufen, um eine evtl. Unsicherheit des Torhüters zum Torerfolg zu nutzen („Abstauber"). Dieses Stürmerverhalten sollte bei allen nachfolgenden Übungen integriert werden!
Im Folgenden werden 4 taktische Freistöße skizziert. Hier gibt es natürlich wesentlich mehr taktische Möglichkeiten. Der Kreativität der Spieler und des Trainers sind hier keine Grenzen gesetzt.

11. Trainingseinheit

1. Direkter oder indirekter Freistoß indirekt ausgeführt. Um hier keinen Kunstschuss anzusetzen, wird die Mauer mit einem Querpass ausgehebelt.

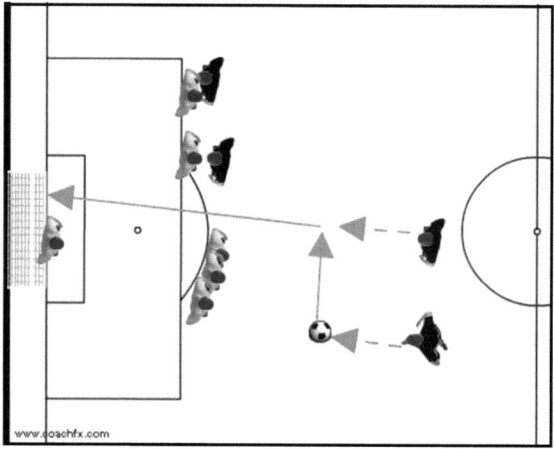

2. Ein in ungefährlicher Position stehender Mitspieler sprintet außen an der Mauer vorbei und wird flach angespielt. Er verwertet das Anspiel als Torschuss oder Flanke.

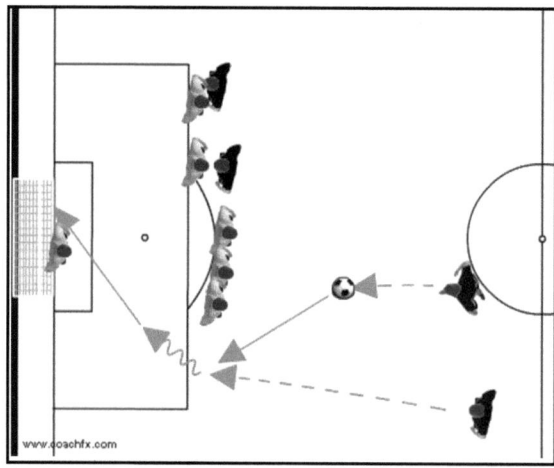

11. Trainingseinheit

3. Ein Mitspieler stellt sich seitlich an das innere Ende der Mauer. Er hinterläuft die Mauer und verwertet den Steilpass als Torschuss oder als Flanke.

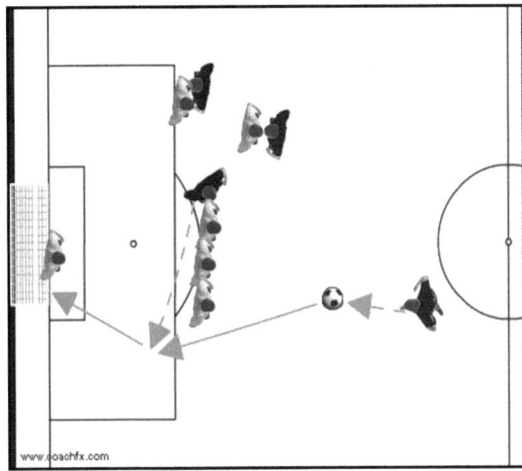

4. Ein am Strafraum positionierter Mitspieler startet dem möglichen Anspiel entgegen und passt direkt weiter zu dem seitlich an der Mauer positionierten Mitspieler.

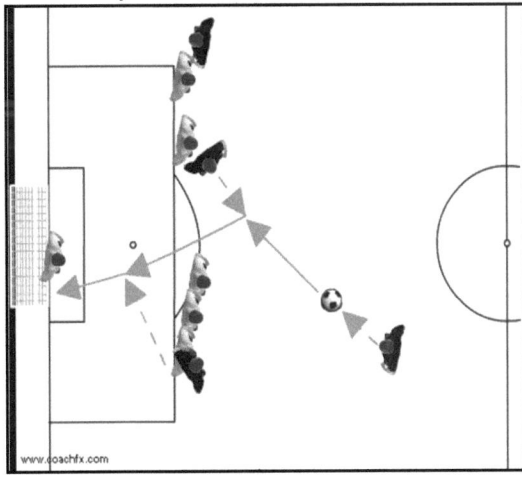

11. Trainingseinheit

4. Natürlich trainieren wir auch den direkten Freistoß mit einer direkten Ausführung. Hier wird die geringste Anzahl von Spielern benötigt, eine Zwei-Mann-Mauer, einen Torwart und einen Schützen.

Nun hat wohl jeder Leser und jede Leserin bemerkt, dass die Stationen mit einer unterschiedlichen Anzahl von Spielern belegt sind. Das Problem ist aber bei einem Stationenwechsel leicht zu beheben. So tauschen die vier Spieler der „Elfmeterstation" nur mit vier Spielern einer anderen Gruppe. Die anderen Fußballer verbleiben auf ihrer Position oder tauschen wiederum mit der dritten Gruppe einige Spieler aus.

Abschlussspiel

Nach diesem anstrengenden Technik- und Taktiktraining werden die jungen Fußballer zum Schluss natürlich mit einem langen und „freien" Abschlussspiel belohnt.

12. Trainingseinheit

Hier stellen wir eine Trainingseinheit mit relativ viel Laufarbeit vor. Besonders die fußballspezifische Ausdauer wird hier trainiert.

Sprinter ABC

Die Einstimmung auf das Training erfolgt durch ein kurzes Sprinter ABC (siehe dazu die ausführliche Erklärung in der 3. Trainingseinheit).

Ein Feld wird abgesteckt und dabei der Spieleranzahl angepasst. In diesem Feld bekommt jeder einen Ball. Dieser soll geführt werden, ohne dass ein Mitspieler dabei behindert oder von einem anderen Ball berührt wird. Die Ausführung bestimmter Finten wird in diesem Aufwärmprogramm eingebaut. Diese Übung wird etwa nur zwei Minuten praktiziert, da sonst schnell Langeweile auftritt.

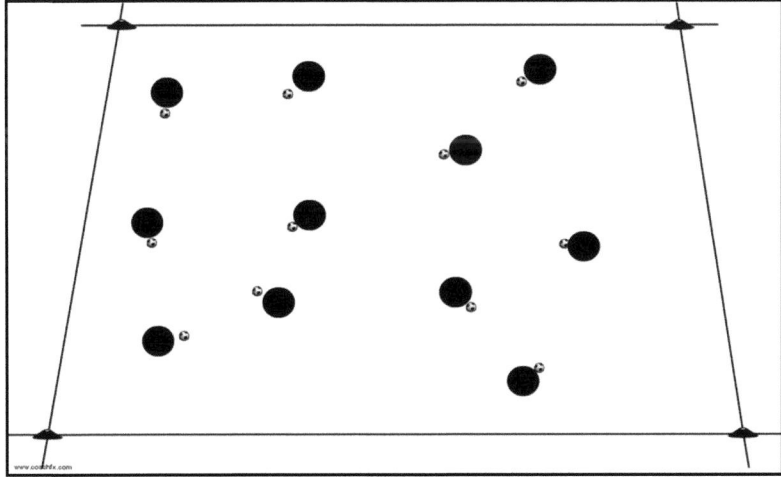

12. Trainingseinheit

3 gegen 1   5 gegen 2

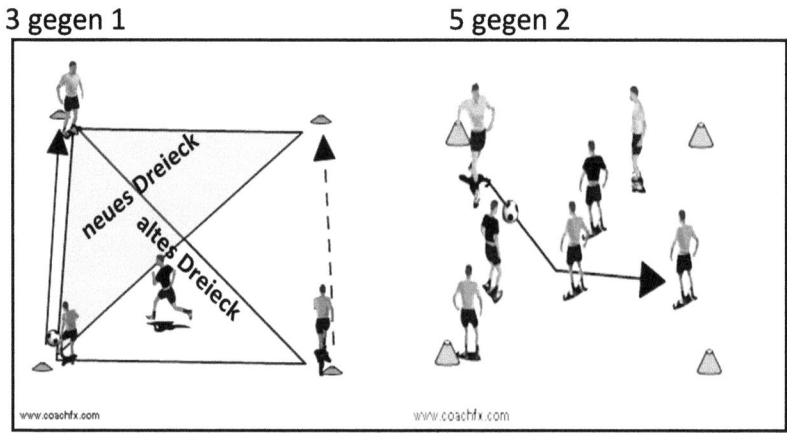

3 gegen 3 mit einer festen Anspielstation

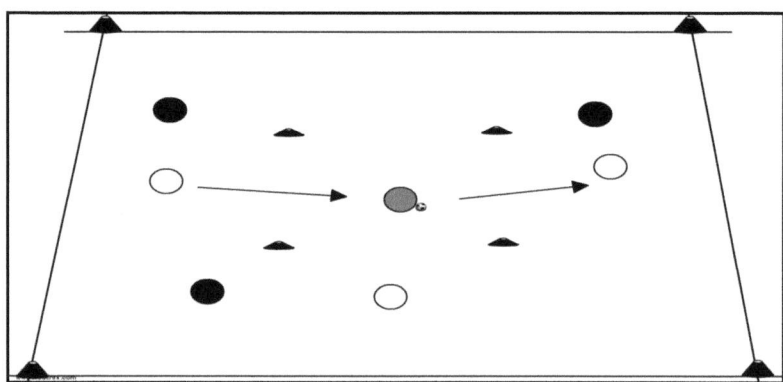

Übungsaufbau und Übungsablauf: Im abgesteckten Viereck spielen 3 gegen 3. Das mittlere kleine markierte Viereck darf nur vom neutralen Spieler betreten werden. Bei jedem 2. Pass muss der neutrale Spieler angespielt werden. Pässe durch das mittlere Viereck sind nicht erlaubt, wenn der neutrale Spieler nicht angespielt wird. Zuerst 3 Ballkontakte, dann 2 und 1.

12. Trainingseinheit

Mehrere kleine Tore mit Pylonen werden in einer Spielfeldhälfte aufgebaut. Es spielen mindestens „6 gegen 6". Der Ball soll durch ein Tor gespielt werden, wobei ein Mitspieler diesen Ball hinter dem Tor annehmen muss, damit ein reguläres Tor erzielt wird. Die Spieldauer beträgt etwa 10 Minuten.

Der Trainer muss darauf achten, dass alle Spieler ständig in Bewegung sind und nicht permanent hinter einem Tor auf das Anspiel warten.

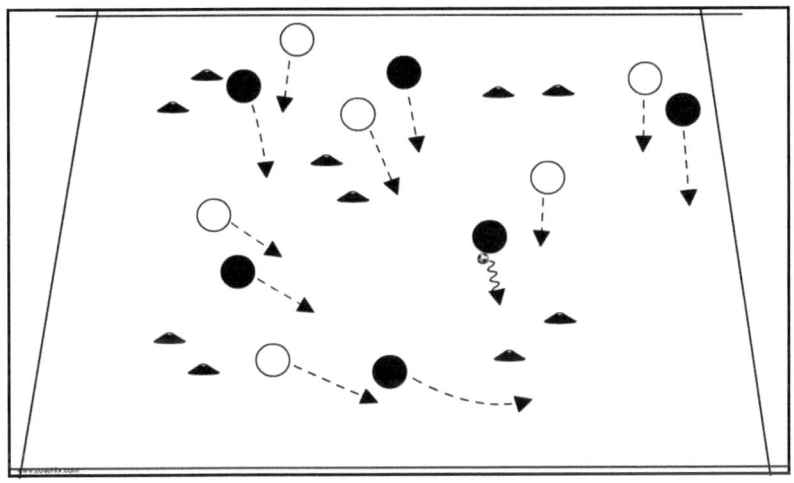

Abschlussspiele

Beim ersten Abschlussspiel werden zwei Mannschaften gebildet, die auf zwei große besetzte Tore spielen. Jede Mannschaft besitzt einen Flügelstürmer, der außerhalb des Spielfeldes mit Bällen steht (siehe Abbildung auf der nächsten Seite). Der erste Außenstürmer dribbelt in Richtung Torauslinie und flankt hoch oder flach in den Strafraum.

12. Trainingseinheit

Hierauf erfolgt ein normales freies Spiel, bis der Ball ins Aus oder ins Tor geschossen wird.
Nun tritt der Flügelstürmer der gegnerischen Mannschaft mit der gleichen Aktion auf das andere Tor in Aktion usw.

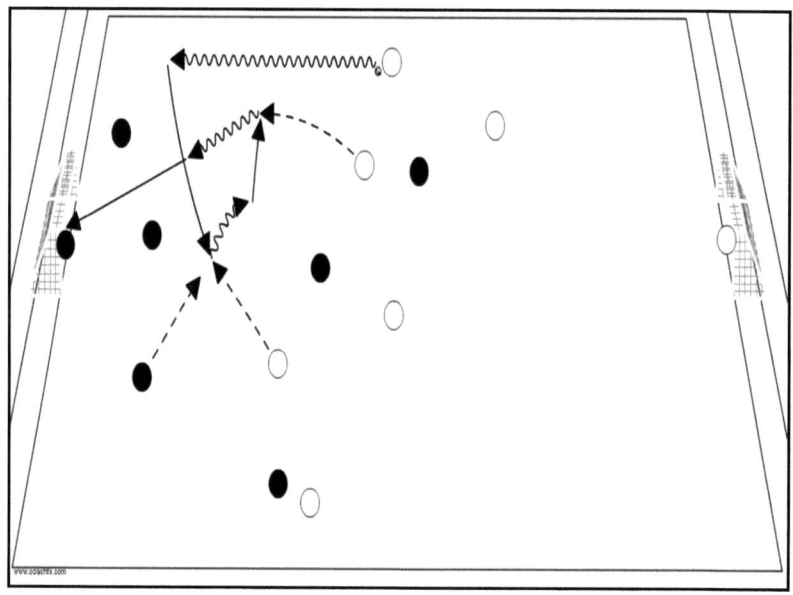

Zum Abschluss des Trainings wird ein „freies" Fußballspiel durchgeführt.

 # 13. Trainingseinheit

Austobphase (siehe 1. Trainingseinheit)

Technik (Basistraining)

Auch hier stellen wir wieder ein Grundlagentraininng für Fußballspieler jeden Alters vor. Diese elementaren Übungen sollten immer wieder ins Training eingebaut werden, um z.B. eine Ballsicherheit im Kurzpassspiel zu garantieren. Um uns nicht zu wiederholen, führen wir diese Übungsreihe hier nur einmal auf. Sie wird aber im Laufe der Saison mindestens 10 Mal eingebaut (die Übungen und auch die Reihenfolge können hierbei natürlich verändert werden).

Übungsaufbau

Zwei Hütchen werden im Abstand von 15 – 30 Metern aufgestellt. Die Entfernung ist abhängig vom Alter und Leistungsstand. Jedes Hütchen wird mit einem Spieler und Ball besetzt.

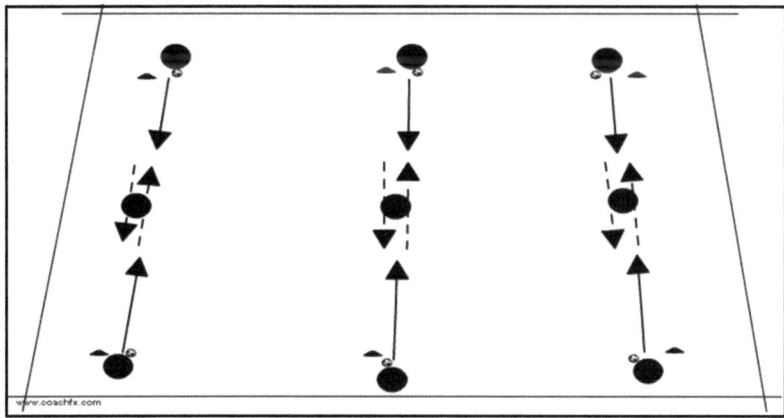

13. Trainingseinheit

1. Übung
Der Spieler ohne Ball trabt von der Mitte in Richtung eines Mitspielers. Dieser spielt ihn flach an, der zentrale Spieler spielt den Ball flach mit der Innenseite direkt zurück, wendet, und läuft dem anderen Mitspieler entgegen. Auch der zweite Mitspieler spielt den Flachpass. Der Rückpass erfolgt wieder direkt mit dem Innenseitstoß, dann folgt wieder die Wendung usw.
Der zentrale Spieler wird häufig gewechselt.

2. Übung
Alle drei Spieler dürfen nur mit dem „schwächeren" Fuß passen.

3. Übung
Es wird abwechselnd mit dem linken und rechten Fuß gespielt.

4. Übung
Der Ball wird jetzt halbhoch von den Außenspielern zugeworfen. Der zentrale Spieler spielt den Ball direkt mit der Innenseite oder dem Vollspann zurück. Auch hier achten wir auf die beidfüßige Schulung.

5. Übung
Der Ball wird nun mit einem Einwurf ins Spiel gebracht und vom zentralen Spieler mit dem Kopf oder Fuß direkt zurückgespielt. Zwei Ballkontakte sind erlaubt, wenn der Ball vorher mit der Brust angenommen wurde. Diese

13. Trainingseinheit

Übungsform ist sehr schwierig, und erfordert viel Geduld, sollte aber trotzdem immer wieder ins Training integriert werden.

6. und 7. Übung

3 gegen 1   5 gegen 2

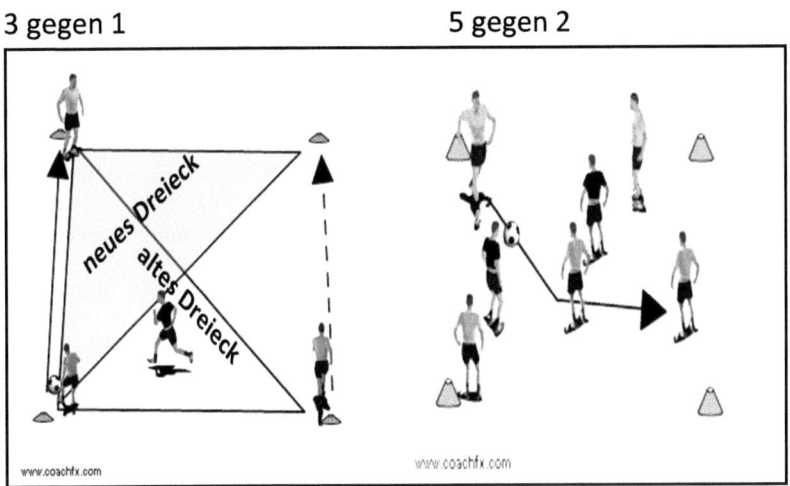

3 gegen 3 mit einer festen Anspielstation

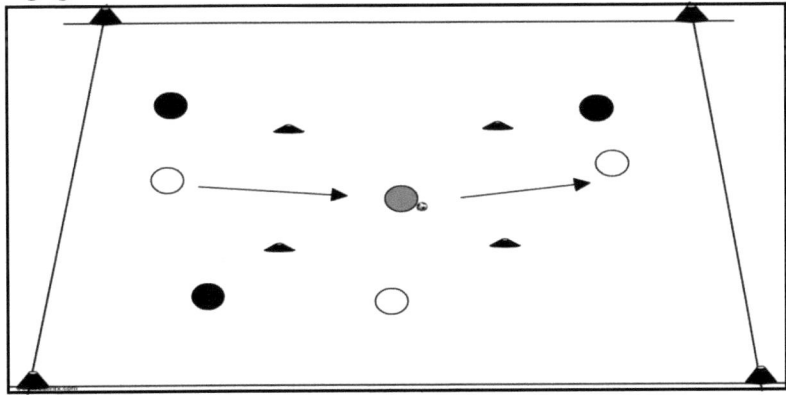

13. Trainingseinheit

Übungsaufbau und Übungsablauf: Im abgesteckten Viereck spielen 3 gegen 3. Das mittlere kleine markierte Viereck darf nur vom neutralen Spieler betreten werden. Bei jedem 2. Pass muss der neutrale Spieler angespielt werden. Pässe durch das mittlere Viereck sind nicht erlaubt, wenn der neutrale Spieler nicht angespielt wird. Zuerst 3 Ballkontakte, dann 2 und 1.

Zum Abschluss des Trainings wird ein „freies" Fußballspiel durchgeführt.

14. Trainingseinheit

Aufwärmen über die Platzbreite (siehe 10. Trainingseinheit)

Torschusstraining unter Bedrängnis

Vorbereitende Übung

Ein Spielfeld mit einem besetzten Tor und zwei Zonen wird aufgebaut. In der äußeren Zone spielen sich 5 – 8 Spieler direkt und möglichst schnell den Ball zu. Die Spieler sind dabei permanent in Bewegung. Auf ein Trainerkommando dribbelt der jetzige Ballbesitzer auf das Tor zu und schließt mit einem Torschuss aus etwa 16 Metern ab.
Die Spieler in der zweiten Zone werden sofort mit einem weiteren Ball „gefüttert" und das Spiel beginnt von vorne.
Die Torschützen laufen mit ihrem Ball zurück, übergeben diesen dem Trainer und begeben sich wieder in die äußere Zone.

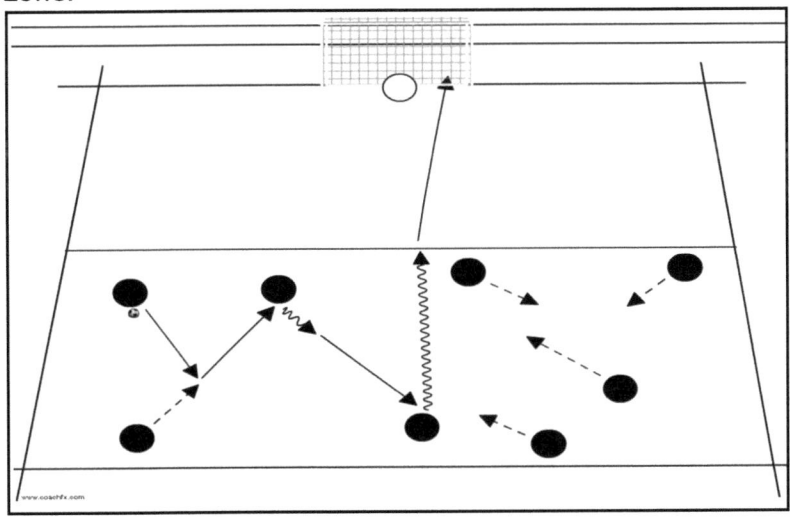

14. Trainingseinheit

Hauptteil

1. Zwei Hütchen werden versetzt etwa 30 Meter vor dem Tor aufgestellt und wieder zwei Gruppen gebildet. Auf ein Trainerkommando starten die ersten Spieler jeder Gruppe. Der weiße Spieler mit Ball sucht den Torabschluss, der Schwarze versucht, ihn daran zu hindern oder sogar selbst abzuschließen.

2. Bei der nächsten Übung (siehe Folgeabbildung) starten die beiden ersten Spieler auf ein Trainerkommando, umlaufen die Fahnen und kämpfen um den Pass des Trainers mit entsprechendem Torabschluss.

 # 14. Trainingseinheit

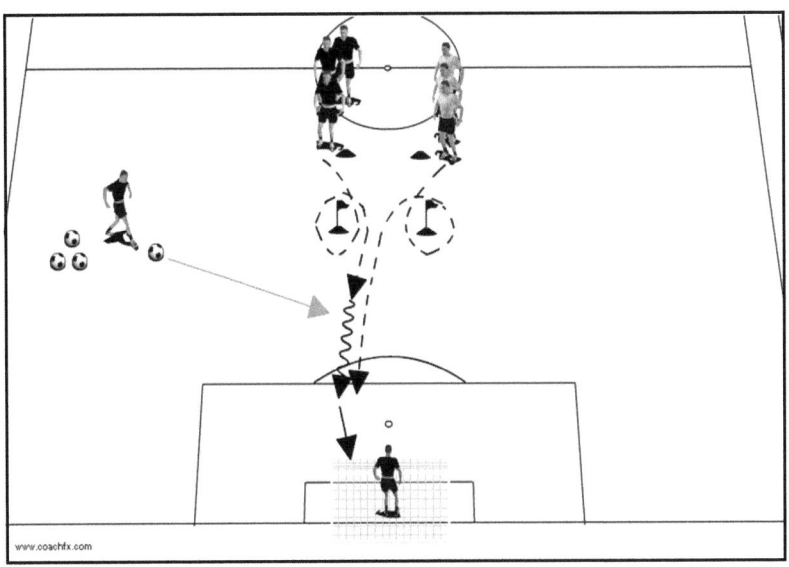

3. Ein Tor wird mit einem Torwart besetzt. Vier Pylonen werden wie in der Zeichnung aufgebaut und mit je einem Spieler belegt, wobei Spieler A im Besitz mehrerer Bälle ist (siehe Folgeabbildung).

Spieler A passt zu B, dieser zu C, dieser wiederum zu D, der mit einem Torschuss abschließt. Danach beginnt die Übung von vorne.

Hat der Spieler A alle Bälle weitergeleitet, werden diese gesammelt und die Übung wird wiederholt, allerdings rotieren alle Spieler eine Position weiter.

Am Anfang dürfen alle Spieler den Ball kurz annehmen. Nachdem jeder Spieler alle Positionen ausprobiert hat, wird die Übung wiederholt, diesmal darf nur direkt abgespielt oder geschossen werden.

 # 14. Trainingseinheit

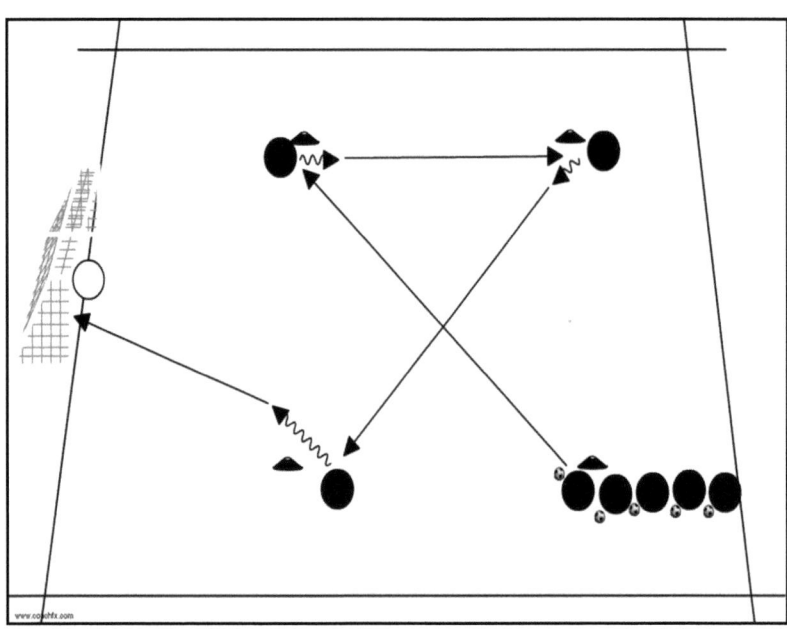

Zum Abschluss des Trainings wird ein „freies" Fußballspiel durchgeführt.

15. Trainingseinheit/ Spieletag

Die heutige Trainingseinheit empfiehlt sich an einem Trainingstag, der z.B. einem harten Saisonspiel folgt.

Austobphase (siehe 1. Trainingseinheit)

Völkerball

Zur Abwechslung wird heute einmal Völkerball gespielt. Die Feldgröße bestimmt sich aus Wurfkraft und Anzahl der Kinder. Am Anfang hat jede Mannschaft drei Werfer außerhalb des Feldes, je einer an der gegnerischen Grundlinie. Die Kinder, die abgeworfen wurden, gesellen sich zu den eigenen Werfern und dürfen mit abwerfen. Sind alle Kinder einer Mannschaft getroffen, müssen die drei Startwerfer ins Feld. Diese haben aber drei Leben, d.h. sie müssen dreimal getroffen werden, bevor sie ausscheiden. Die Mannschaft, die zuerst komplett abgeworfen wird, ist der Verlierer.

Bei diesem Spiel setzen wir nur sehr weiche Bälle (z.B. Schaumstoffbälle) ein und erhöhen die Dynamik des Spiels mit einem Einsatz von zwei Bällen gleichzeitig.

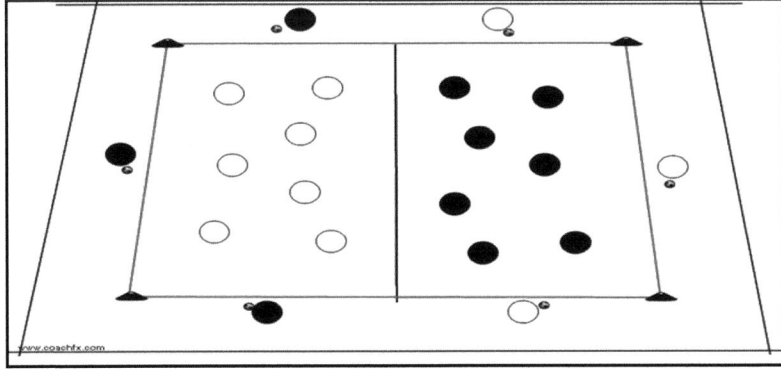

15. Trainingseinheit/ Spieletag

Stationentraining

Nach dem Völkerball folgt ein lockeres Stationentraining, welches aus drei Stationen besteht:

1. Fußballtennis (siehe 11. Trainingseinheit)

2. Effetschüsse

An dieser Station werden Freistöße geübt. Hier sollten mindestens zwei Spieler eine Mauer bilden, das Tor ist besetzt und wenigstens ein Schütze steht bereit. Die Aufgabe besteht darin, den Ball an der Mauer vorbei oder über diese zu schlenzen.

Der Schütze schießt den Freistoß also nicht mit höchster Schusskraft, sondern gefühlvoll und präzise mit dem Innenspann oder der Innenseite. Die Aufgabenstellungen werden häufig gewechselt.

3. Elfmeterschießen

An dieser Station stehen mindestens ein Torwart und drei Schützen, die abwechselnd einen Elfmeter auf das Tor schießen. Auch hier wird nicht mit brachialer Gewalt auf das Tor geschossen, sondern wieder mit einem Effetstoß der Innenseite oder dem Innenspann.

Nach etwa 10 – 15 Minuten werden die Stationen gewechselt.

 ## 15. Trainingseinheit/ Spieletag

Abschlussspiele

Das folgende Abschlussspiel macht den Jugendlichen enorm viel Spaß, sollte aber auf 10 Minuten begrenzt bleiben, denn dann lässt die Spielfreude sehr schnell nach, wie wir das aus eigener Erfahrung kennen.

Der Ablauf ist ganz einfach. Jeder Spieler darf nur mit dem „schwachen" Fuß den Ball bearbeiten.

Nach diesen 10 Minuten erfolgt dann zum Ende das „freie Abschlussspiel.

16. Trainingseinheit/ Training des Angriffs

Auch die folgenden Trainingseinheiten über Schulung des Angriffs können im Laufe der Saison häufiger ins Training eingebaut werden.

Sprinter ABC

Die Einstimmung auf das Training erfolgt durch ein kurzes Sprinter ABC (siehe dazu die ausführliche Erklärung in der 3. Trainingseinheit).

Fußballspiel mit dem „schwachen" Fuß

Zur weiteren Einstimmung auf das folgende anspruchsvolle Training folgt ein lockeres Trainingsspiel über 10 Minuten mit folgenden Regeln:

- Der Ball darf nur mit dem „schwachen" Fuß gespielt werden (Kopf-, Brust- oder Oberschenkelspiel sind natürlich erlaubt).

- Es darf nur nach vorn gepasst oder gedribbelt werden.

- Es gibt keine Abseitsregel.

- Der Torwart darf nur auf der Torlinie agieren.

16. Trainingseinheit/ Training des Angriffs

Hauptteil / Angriffstraining

Hier hat der zentrale Mittelfeldspieler mehrere Möglichkeiten, seine Mitspieler einzusetzen. Diese Handlungsspielräume sollten den Spielern aufgezeigt werden. Wir schlagen hier die folgenden Übungen vor.

Der Steilpass

Übungsaufbau:
- 2 Hütchen am Strafraum (im Abstand von ca. 20 Metern)
- an den Hütchen positionieren sich 2 Verteidiger u. 2 Stümer
- 1 Hütchen zentral in Höhe der Mittellinie
- hier positionieren sich 3-5 Spieler hintereinander mit Ball
- 1 Hütchen an der Seitenlinie, ca. 20 Meter von der Mittellinie entfernt
- hier positionieren sich 3-5 Spieler hintereinander ohne Ball
- 1 Hütchen an der Toraußenlinie

16. Trainingseinheit/ Training des Angriffs

Übungsablauf:
- Der erste Spieler mit Ball dribbelt ein paar Meter und spielt einen Steilpass zum gestarteten Flügelspieler.
- Dieser dribbelt bis zum Hütchen an der Toraußenlinie und flankt in den Strafraum.
- Die Stürmer und der Passgeber sprinten in den Strafraum und versuchen die Flanke zu verwerten.
- Die Verteidiger laufen ebenfalls in den Strafraum und versuchen den Abschluss zu verhindern.

Hier sollten die Aufgaben nach einiger Zeit gewechselt werden. Den Stürmern sollte klar gemacht werden, dass Sie mehrere Positionen im Strafraum einnehmen können.

2. Stürmer bewegen sich nach außen, um Mittelfeldspielern frontal zum Tor Platz zu machen (Stürmer halten Blickkontakt mit dem Mitspieler!).

16. Trainingseinheit/ Training des Angriffs

Übungsaufbau:
- Gleicher Aufbau wie zuvor, jedoch ohne Hütchen am Flügel.
- Die Hütchen am Strafraum stehen etwas enger zusammen.

Übungsablauf:
- Der erste Spieler mit Ball dribbelt mit hohem Tempo auf den Strafraum zu.
- Die beiden Stürmer starten nach außen, um den Weg frei zu machen.
- Gehen die Verteidiger jetzt mit den Stürmern mit, so ist der Weg frei zum Abschluss.
- Entscheidet sich jetzt ein Verteidiger oder sogar beide, den ballführenden Spieler zu attackieren, wird der nun freie Stürmer angespielt (siehe Skizze).

Abschlussspiel

Zum Schluss erfolgt ein „freies" Abschlussspiel.

17. Trainingseinheit

Einleitungsteil

Viereck mit Eckanspieler

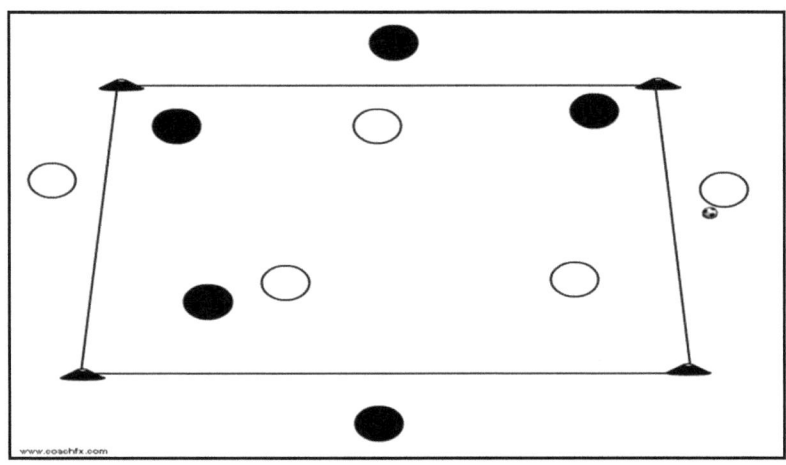

Übungsaufbau: Ein Feld von etwa 20 x 20 m mit vier Hütchen abstecken. Im Viereck wird 2 gegen 2 oder 3 gegen 3 gespielt. An jeder Außenlinie stehen noch Spieler (je zwei Anspieler pro Team).
Übungsablauf: Die Anspieler dürfen nicht ins Viereck laufen, dürfen aber auch nicht von den Spielern, die in der Mitte spielen, angegriffen werden. Sämtliche Spieler dürfen nur 2 Ballkontakte haben.
Die Aufgaben sollten hier öfter gewechselt werden.
Diese Übung eignet sich hervorragend, um das Spiel ohne Ball einzuüben. Hier ist es wichtig, dass der Trainer eingreift, wenn falsche Laufwege eingeschlagen werden oder zu risikoreiche Pässe gespielt werden.

17. Trainingseinheit

Viereck mit Außenanspieler

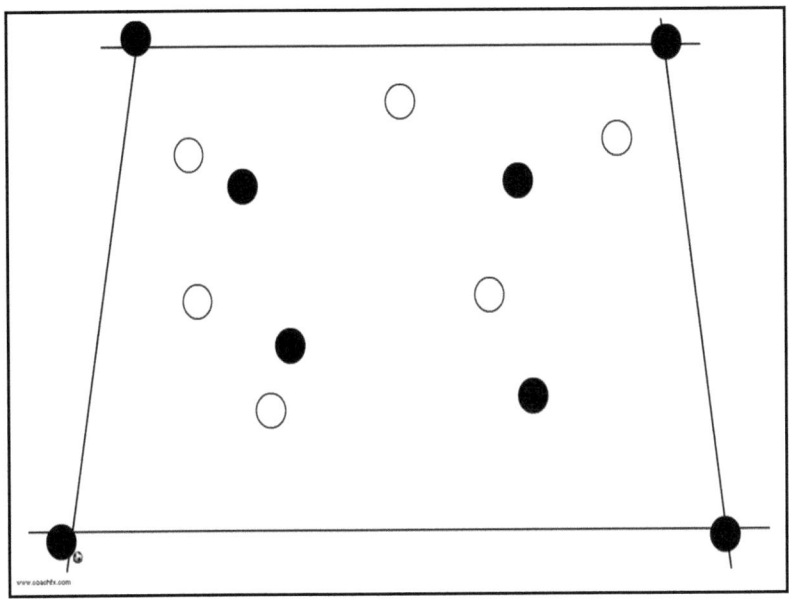

Übungsaufbau: Ein großes Viereck wird abgesteckt. Es werden 2 Mannschaften gebildet. 4 schwarze Feldspieler und an den Ecken 4 schwarze Anspieler. Diese spielen gegen 6 weiße Spieler.
Übungsablauf: Es wird auf Ballhalten gespielt, wobei die weißen Spieler nur 2 Ballkontakte haben dürfen. Die schwarzen Spieler wechseln regelmäßig ihre Positionen von Feldspieler zu Anspieler.

17. Trainingseinheit

Hauptteil / Angriffstraining

Bei den folgenden Übungen trainieren wir überwiegend die Angriffe über Außen.

1. Übung

Übungsaufbau: (siehe auch Skizze auf der nächsten Seite)
- Ein Hütchen im Bereich des Mittelfeldkreises positionieren.
- An dem Hütchen positionieren sich 3-5 Spieler hintereinander mit Ball.
- 1 Hütchen an der Seitenlinie, ca. 20 Meter von der Mittellinie entfernt.
- An dem Hütchen 3-5 Stürmer und Abwehrspieler hintereinander positionieren.
- 1 Torwart

Übungsablauf:
- Der erste Spieler mit Ball dribbelt ein paar Meter Richtung Tor.
- Gleichzeitig startet der erste Stürmer und der erste Verteidiger Richtung Toraußenlinie.
- Der Stürmer vollzieht entweder einen **Richtungswechsel** oder erwartet einen **Steilpass**.
- Der Spieler mit Ball spielt entweder einen Steilpass oder einen Pass in den Lauf des Stürmers und sprintet durch in den Strafraum.
- Wurde ein Steilpass gespielt, so versucht der Stürmer zu flanken.
- Bei einem Richtungswechsel schließt er selber ab.

17. Trainingseinheit

Mögliche Laufwege der Außenspieler ohne Ball beim Pass über das zentrale Mittelfeld

Der Außenspieler hat hier die Möglichkeit entlang der Außenlinie zu starten und sich durch einen explosiven **Richtungswechsel** anspielbar zu machen oder er ist schneller als sein Gegenspieler und erwartet einen **Steilpass**. Hierzu läuft er ohne Richtungswechsel die Außenlinie entlang.

Auch diese Übung sollte von beiden Seiten ausgeführt werden. Der Vorteil des Richtungswechsels liegt darin, dass der Stürmer sich nun zwischen dem Ball und dem Gegner befindet. Dadurch ist er leichter anspielbar, als bei einem Steilpass, bei dem er sich hinter dem Gegner befindet.

Übung 2

Nachdem einige Laufwege der Stürmer bei einem Angriff aus dem zentralen Mittelfeld aufgezeigt wurden, wird hier der Angriff über das dezentrale Mittelfeld (über Außen) behandelt.
Wir nehmen hier folgende Ausgangssituation an:
Ein Mittelfeldspieler führt den Ball entlang der Seitenlinie in die gegnerische Spielfeldhälfte. Es befinden sich 3 Abwehrspieler und 2 Stürmer in der gegnerischen Hälfte. Wir behandeln hier die möglichen Laufwege des ballnahen Stürmers. Alle möglichen Laufwege können mit einem

17. Trainingseinheit

einfachen Übungsaufbau trainiert werden (siehe Grafik). Auch diese Übung sollte von beiden Seiten ausgeführt werden.

Mögliche Laufwege des ballnahen Stürmers

Übung 3

Übungsaufbau:
- 3 Hütchen werden ca. 25 Meter vor dem Tor positioniert (siehe Grafik auf der nächsten Seite).
- An den beiden zentralen Hütchen stehen jeweils ein Verteidiger und ein Stürmer.
- An dem Außenhütchen steht ein weiterer Verteidiger.
- Die gleiche Spielerkombination steht nochmal an der Toraußenlinie.
- In Höhe der Mittellinie steht außen ein weiteres Hütchen hinter dem sich Spieler mit Ball stellen.

 # 17. Trainingseinheit

Übungsablauf:
- Der erste Spieler mit Ball startet ein Dribbling und erwartet eine Aktion des ballnahen Stürmers. Der Außenverteidiger läuft dem ballführenden Spieler entgegen.
- Folgende Aktionen des ballnahen Stürmers sollen hier einstudiert werden:
1. Der ballnahe Stürmer kommt dem Mittelfeldspieler entgegen und spielt einen **Doppelpass** mit diesem. Der Mittelfeldspieler läuft bis zur Toraußenlinie und flankt den Ball in den Strafraum, in welchem der ballnahe Stürmer nach dem Doppelpass sprintet. Die Verteidiger sind bei dieser Übung vollaktiv. Im Anschluss tauschen die Spieler an der Toraußenlinie die jeweiligen 3 Positionen.

17. Trainingseinheit

Übung 4

2. Der erste Spieler mit Ball startet, wie bei 1. ein Dribbling und erwartet eine Aktion des ballnahen Stürmers. Der Außenverteidiger läuft dem ballführenden Spieler entgegen. Der ballnahe Stürmer bietet sich mit einem Sprint **an der Seitenaußenlinie** an und versucht, den Pass als Flanke zu verwerten. Der Mittelfeldspieler sprintet nach seinem Pass in den Strafraum und versucht die Flanke zu verwerten. Die Verteidiger sind bei dieser Übung vollaktiv.

Im Anschluss tauschen die Spieler an der Toraußenlinie die jeweiligen 3 Positionen.

17. Trainingseinheit

Übung 5

3. Der erste Spieler mit Ball startet (wie bei 1.) ein Dribbling und erwartet eine Aktion des ballnahen Stürmers. Der Außenverteidiger läuft dem ballführenden Spieler entgegen. Der ballnahe Stürmer sprintet in den Strafraum und erwartet einen Steilpass des ballführenden Spielers. Dieser sprintet nach dem Abspiel in den Strafraum, und versucht, den Pass des Stürmers zu verwerten. Die Verteidiger sind bei dieser Übung vollaktiv. Im Anschluss tauschen die Spieler an der Toraußenlinie die jeweiligen 3 Positionen.

Abschlussspiel

Zum Schluss erfolgt ein „freies" Abschlussspiel.

# 18. Trainingseinheit

Aufwärmen über die Platzbreite (siehe 10. Trainingseinheit)

Sprinter ABC

Eine weitere Einstimmung auf das Training erfolgt durch ein kurzes Sprinter ABC (siehe dazu die ausführliche Erklärung in der 3. Trainingseinheit).

Training des Konterspiels

An diesem Trainingstag werden Grundlagen des Konterspiels geschult, und in folgenden Trainingseinheiten intensiviert.

Übung 1

Nach einem genauen Abwurf des Torwarts auf einen seiner drei Mitspielern (siehe untere Abbildung), starten diese einen Konter auf das gegnerische Tor, das von einem Torwart und zwei Mitspielern verteidigt wird. Während des Angriffs postieren sich drei neue Spieler für den nächsten Angriff, der erst gestartet wird, wenn der vorige abgeschlossen oder abgewehrt worden ist.

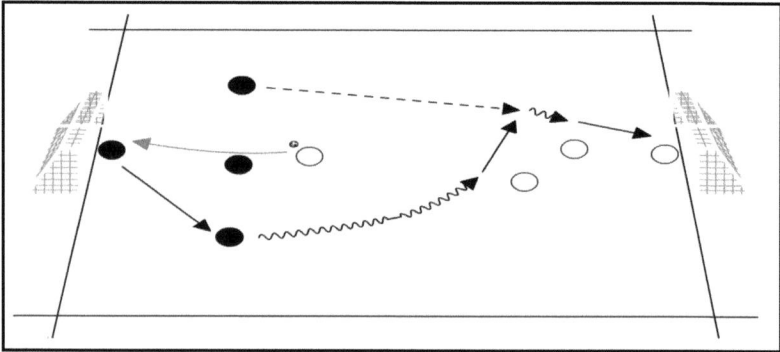

# 18. Trainingseinheit

Übung 2

Ein Spieler startet 60 Meter zentral vor dem Tor zu einem Dribbling, kurz hinter der Mittellinie schlägt er einen Pass auf einen Mitspieler, der auf der linken oder rechten Außenbahn zu einem Sprint startet.
Der Mitspieler ist dabei auf der gleichen Höhe oder etwas vor dem Passgeber. Das Abspiel erfolgt nach vorn in den Lauf des Mitspielers.
Hierbei wird darauf geachtet, daß er den Ball vor der Torauslinie erreicht, gleichzeitig aber nicht vom Torwart abgefangen werden kann.
Der Pass wird, je nach Aufgabenstellung, hoch oder flach gespielt.
Nachdem der Spieler den Ball erlaufen und kurz kontrolliert hat, schlägt er die Flanke auf den mitgelaufenen Passgeber.
Der Torwart darf aktiv eingreifen. Er bekommt sogar die Aufgabe, Bälle zu erlaufen, wenn die Pässe auf den Außenspieler zu weit geschlagen werden.

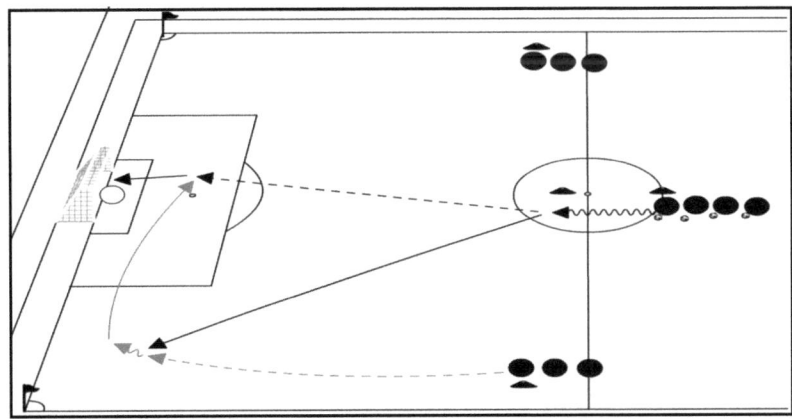

18. Trainingseinheit

Übung 3

Hier wird die gleiche Übung trainiert, nur muss diesmal der Pass über einen passiven Gegenspieler erfolgen. Dieser steht seitlich etwa 20 Meter vor dem Passgeber, natürlich auf der Seite des Außenstürmers.

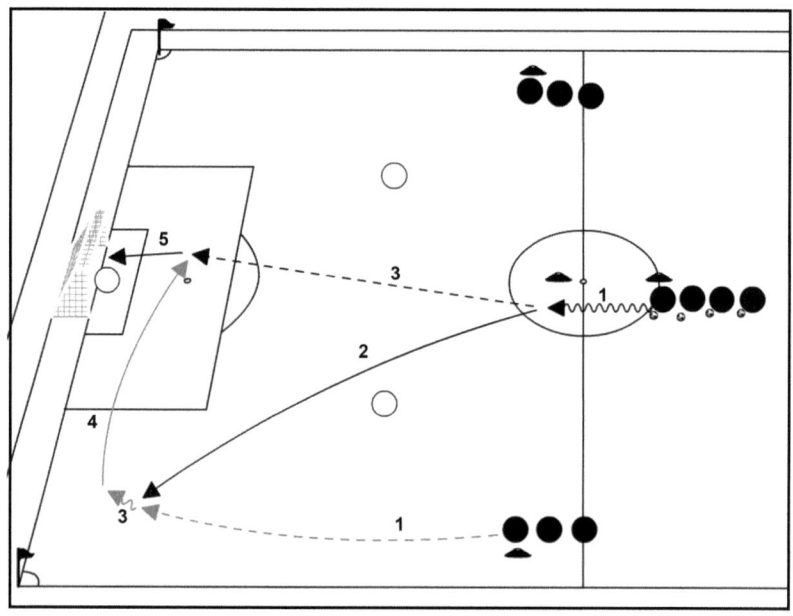

Übung 4

Der Schwierigkeitsgrad der Übung wird weiter erhöht. Der Pass erfolgt wieder über den passiven Gegenspieler. Jetzt laufen aber der Passgeber und ein weiterer Mitspieler zentral auf das Tor zu. Hier werden sie aber nicht nur vom Torwart erwartet, sondern auch von einem Verteidiger.

 **18. Trainingseinheit**

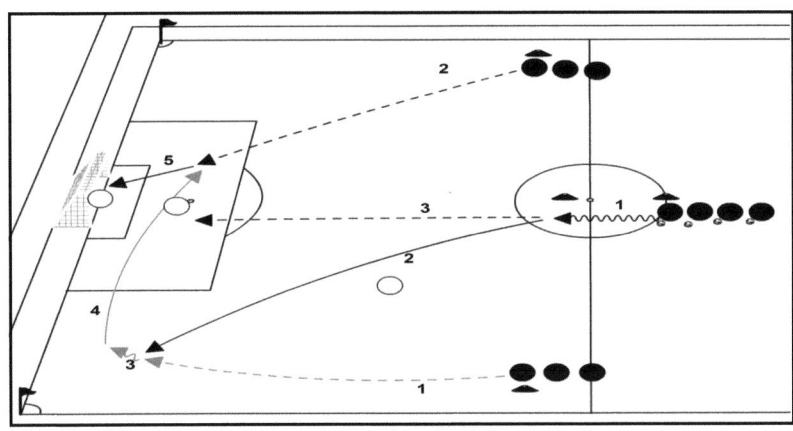

Übung 5

Die Übung wird noch einmal schwieriger. Jetzt darf der passive Gegenspieler aktiv eingreifen. Nachdem der Außenstürmer an ihm vorbeigelaufen ist, dreht er sich blitzschnell, läuft diesem nach, und versucht ihn an der Flanke zu hindern.

Übung 6

Bei dieser Variante ist die Übung etwas statischer. Hierbei ist der Passgeber immer dieselbe Person. Die Außenstürmer und Flankengeber wechseln immer ab. Die beiden Stürmer zentral warten immer wieder auf die Flanke, wie auch der Verteidiger und der Torwart. Alles andere bleibt identisch.

Abschlussspiel

Zum Schluss erfolgt ein „freies" Abschlussspiel.

19. Trainingseinheit

Aufwärmen über die Platzbreite (siehe 10. Trainingseinheit)

Konterschulung

An diesem Trainingstag trainieren wir höchst ausführlich eine elementare Konterübung, die immer wieder in den Trainingseinheiten eingebaut werden sollte (auch hervorragend geeignet für ein Stationentraining).
Diese Übung kann bereits ab der D-Jugend trainiert werden. Im Idealfall können zwei Mitspieler mit diesem Verhalten eine gesamte Hintermannschaft ausschalten.

Ein Fußballer dribbelt auf einen Mitspieler zu, etwa 20 Meter vor ihm spielt er einen genauen Flachpass. Der Mitspieler steht frontal zum Passgeber, läuft dem Pass entgegen, spielt direkt zurück, dreht sich blitzschnell um 180 Grad und läuft in die entgegengesetzte Richtung (im Idealfall in vollem Sprint). Der ursprüngliche Passgeber spielt nun einen gefühlvollen Vollspannstoß, ebenfalls direkt über den sich entfernenden Mitspieler in den Lauf.
Diese Übung hört sich für Einige vielleicht sehr einfach an, ist aber in der Praxis sehr schwierig umzusetzen und erfordert in den Jugendklassen und unteren Amateurklassen sehr viel Geduld.
Die Übung wird anfangs langsam durchgeführt und häufig wiederholt. Die Ausführung dieser Übung empfiehlt sich auf Rasen oder Kunstrasen, da der Ball hier „tiefer getroffen wird" und bei einem Scheitern des Vollspannstoßes der Ball weniger weit rollt.

 # 19. Trainingseinheit

In der Praxis muss dieser Pass natürlich nicht immer mit dem Vollspannstoß geschlagen werden. Es gibt viele Spieler, die diese Situation besser mit einem Innenspann- oder Innenseitstoß lösen können (wobei der Innenseitstoß auf einem Aschenplatz hier sehr schwierig anzuwenden ist, zumindest in Bezug auf die Höhe der Flugbahn des Balles).
Je sicherer diese Grundübung durchgeführt werden kann, desto mehr können die Geschwindigkeit und die Entfernungen gesteigert werden.

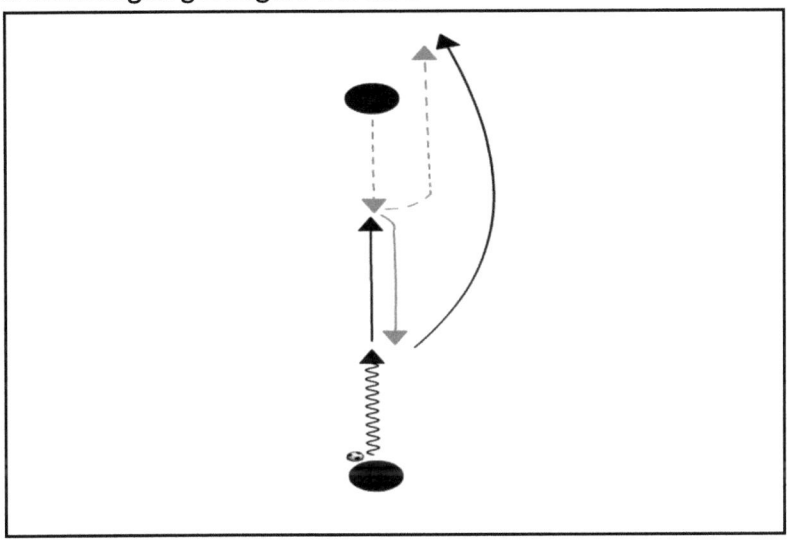

Jetzt wird die gleiche Übung durchgeführt, allerdings mit einem Torabschluss. Nach dem gefühlvollen Pass über den sich entfernenden Mitspieler in den Lauf, nimmt dieser den Ball an und schießt aus 17 – 20 Meter Entfernung auf das besetzte Tor.
Der Torabschluss erfolgt auch, wenn der Pass ungenau war.

19. Trainingseinheit

Der Mitspieler soll jetzt den Pass so schnell wie möglich erlaufen und den Torabschluss suchen.

Die vorige Übung wird wiederholt, aber der Schwierigkeitsgrad weiter erhöht.
Ein Spieler dribbelt wieder auf einen Mitspieler zu, etwa 20 Meter vor ihm spielt er einen genauen Flachpass. Der Mitspieler steht frontal zum Passgeber, läuft dem Pass entgegen, gefolgt von einem Gegenspieler, der nur „teilaktiv" eingreift. Der Passempfänger spielt unter der leichten Bedrängnis den Ball wieder direkt zurück, dreht sich blitzschnell um 180 Grad und läuft mit höchster Geschwindigkeit in die entgegengesetzte Richtung auf das Tor zu. Der ursprüngliche Passgeber spielt nun den gefühlvollen Pass über den sich entfernenden Mitspieler in den Lauf. Dieser schließt wieder mit einem Torschuss ab.

- Bei der letzten Steigerung dieser Übungsreihe muss der Mitspieler nicht nur den Torabschluss suchen, sondern vorher einen weiteren Gegenspieler ausspielen, der etwa 20 – 25 Meter vor dem Tor postiert ist. Der Rest wird wie bei der vorigen Übung durchgeführt.

Bei diesen Übungen empfiehlt es sich, die Gegenspieler mit „festen Positionen" zu belegen. Die jeweiligen Entfernungen für die Pässe und Torschüsse, sowie der Schwierigkeitsgrad der Übung, werden der Leistungsstärke und der Schusskraft angepasst.

# 19. Trainingseinheit

Abschlussspiele

Auf einem Kleinfeld spielen zwei Mannschaften mit besetzten Toren gegeneinander. Die eine Mannschaft hat z.B. fünf Feldspieler, die andere aber nur vier. Erobert die Mannschaft in Überzahl den Ball, muss immer ein Rückpass erfolgen.
Der Mitspieler, der diesen Pass erhält, muss einen direkten Pass nach vorn spielen (nur so dürfen sie ein Tor schießen). D.h., wenn der Rückpass erfolgt, suchen die angreifenden Spieler sofort die „freien Räume". Es wird ohne Abseits gespielt.

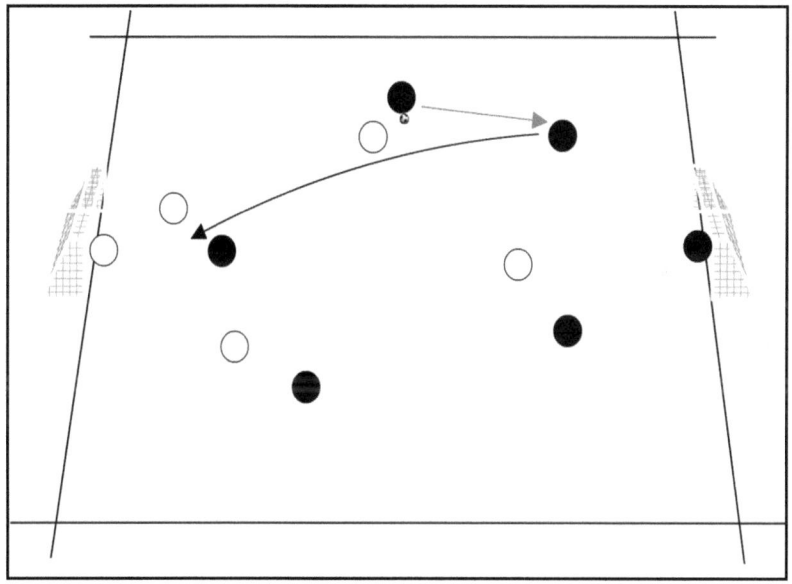

Hiernach erfolgt wieder ein längeres und „freies" Abschlussspiel.

20. Trainingseinheit

Sprinter ABC

Die Einstimmung auf das Training erfolgt durch ein kurzes Sprinter ABC (siehe dazu die ausführliche Erklärung in der 3. Trainingseinheit).

Hauptteil

Übung 1

Am heutigen Trainingstag absolvieren die jungen Fußballer weitere elementare Konterübungen.

Im abgesteckten Spielfeld spielen zwei Spieler 1 gegen 1. Ein neutraler Spieler fungiert als Anspielstation. Hinter jedem Tor wartet ein weiterer Spieler, der dann mit seinem Partner nach einer bestimmten Zeit oder nach Torerfolg die Rollen tauscht. Ziel der Übung ist der schnelle Torabschluss. D.h., Doppelpass oder Finte und Torabschluss. Erfolgt kein schneller Torabschluss, wird die Aktion abgebrochen und die nächsten Spieler sind an der Reihe.
Es wird immer im Wechsel angegriffen. Jeder Spieler greift einmal an, und verteidigt danach sofort.
Der Torabschluss sollte hier flach ins Eck erfolgen.
Um die Motivation hoch zu halten, sollte die Übung als Wettkampf ausgetragen werden. So ist auch gewährleistet, dass die Abwehrspieler ihr Bestes beim Verteidigen geben, und wir so Wettkampfbedingungen erhalten.

 ## 20. Trainingseinheit

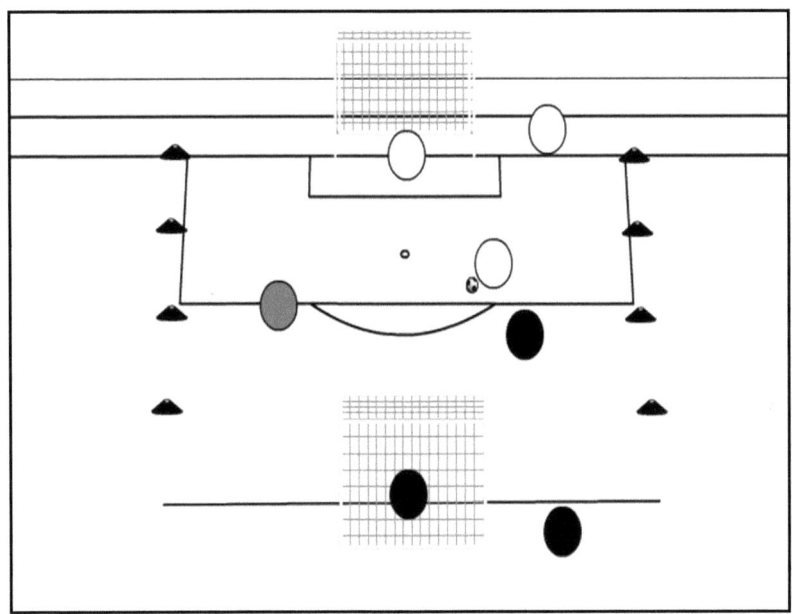

Übung 2

Der Anspieler (schwarz) mit Ball dribbelt in Richtung gegnerisches Tor und versucht, seinen Mitspieler (Stürmer) in Szene zu setzen. Der Stürmer versucht einen Torschuss oder legt wieder auf den Anspieler ab, der jetzt aufs Tor schießen muss. Nach der Aktion holt der Anspieler den Ball und stellt sich wieder an seine Startposition. Der Stürmer wechselt die Position mit seinem Mitspieler, der neben dem gegnerischen Tor steht. Jetzt startet der weiße Spieler mit Ball auf das andere Tor usw. Alle Positionen sollten nach einiger Zeit gewechselt werden. Erfolgt kein schneller Torabschluss, wird die Aktion abgebrochen und die nächsten Spieler sind an der

# 20. Trainingseinheit

Reihe. Der Torabschluss sollte hier flach ins Eck erfolgen.

Auch hier gilt:
Wettkampfcharakter der Übung steigert die Motivation.

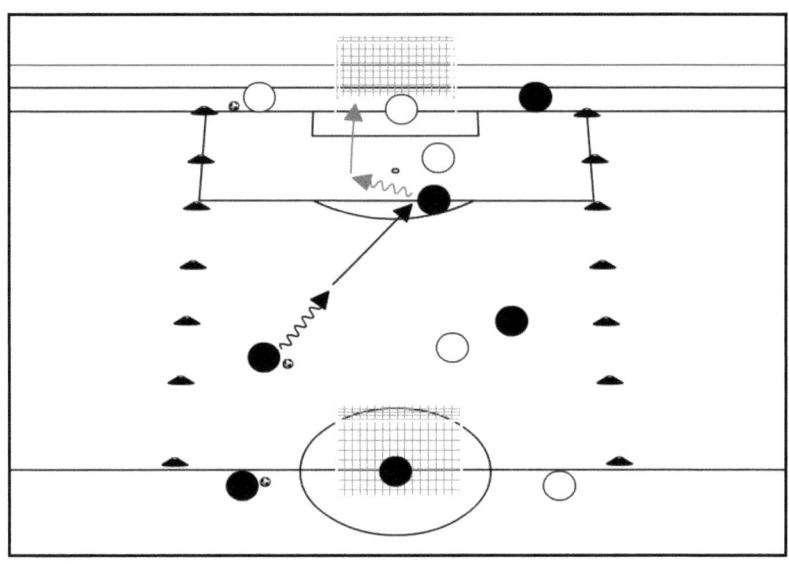

Übung 3

Übungsaufbau: Eine Zweikampfzone mit 4 Hütchen abstecken (siehe Grafik). 2 Gruppen bilden (Stürmer und Verteidiger). Der mittlere Stürmer mit Ball.
Übungsablauf:
- Der zentrale Stürmer im Viereck versucht sich vom Verteidiger zu lösen, um einen Passweg innerhalb des Vierecks zu schaffen (der erste Pass an den zentralen Stürmer muss

# 20. Trainingseinheit

innerhalb des Vierecks angenommen werden!!!).
- Der Mitspieler mit Ball spielt den Pass zum zentralen Stürmer oder zu den Außenstürmern.
- Bedient er einen Außenstürmer, so kann er das Viereck verlassen und die Flanke verwerten.

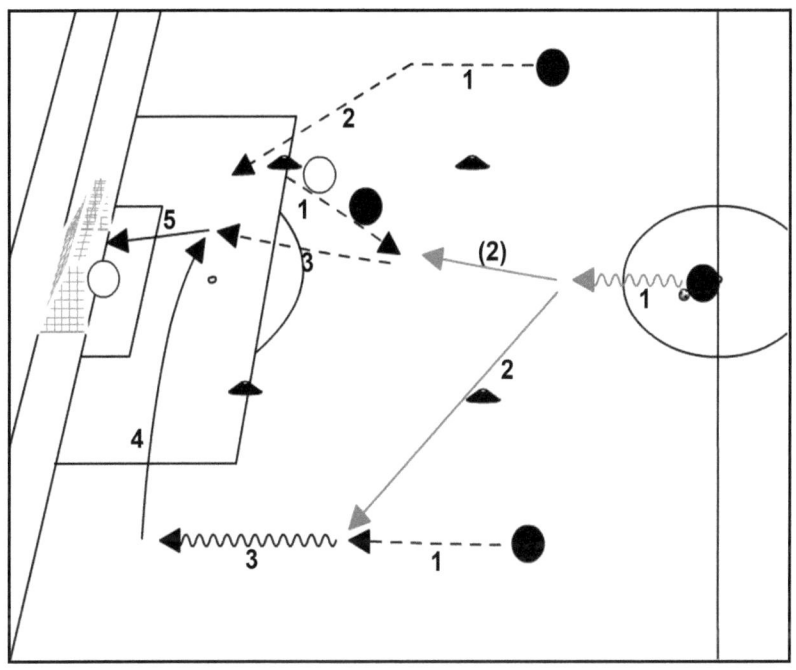

Übung 4

Übungsaufbau: 4 Hütchen, wie in der Grafik, aufstellen. An allen Hütchen, außer dem an der Außenlinie, gleichgroße Gruppen bilden. Alle Spieler in der Höhe des Mittelkreises erhalten jeweils einen Ball.

20. Trainingseinheit

Übungsablauf: Auf ein Trainerkommando dribbelt der erste Spieler mit Ball in Richtung seines Mitspielers und passt diesen an. Der Mitspieler läuft dem Ball entgegen und lässt das Anspiel abklatschen. Der erste Spieler passt den Ball direkt weiter auf seinen Außenstürmer, der auch beim Trainerkommando gestartet ist. Er nimmt den Ball an, dribbelt weiter bis zum Hütchen, und flankt auf seine beiden Mitspieler, die in den Strafraum gesprintet sind.

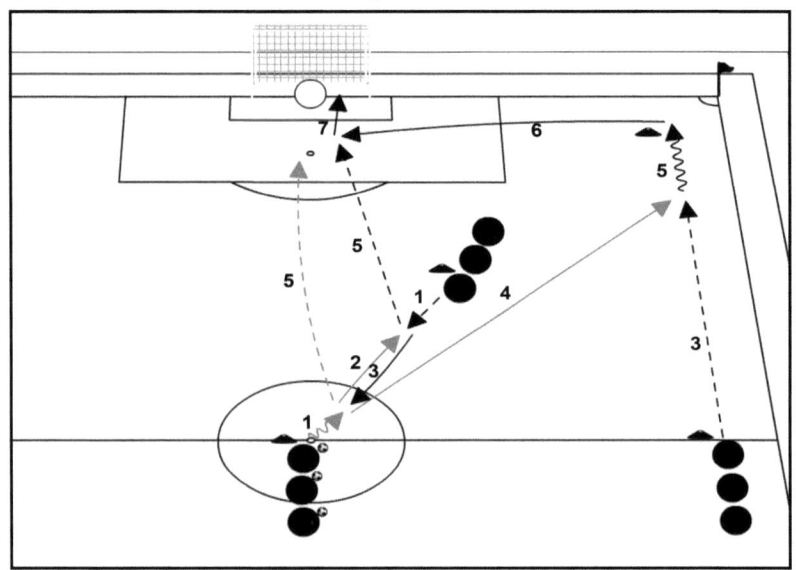

Abschlussspiel

Zum Schluss erfolgt ein „freies" Abschlussspiel.

# 21. Trainingseinheit

Austobphase (siehe 1. Trainingseinheit)

Übung 1

Auf einem Kleinfeld mit besetzten Toren versuchen fünf Angreifer gegen drei Verteidiger ein Tor zu erzielen. Links und rechts neben dem Tor der Verteidiger steht noch jeweils ein Spieler (ein Spieler mit Ball).
Bei jeglichem Ballverlust (z.B. durch einen Ausball, Fehlpass, Torerfolg usw.) müssen zwei Stürmer den Platz verlassen.
Jetzt werden die drei Verteidiger zu Stürmern, und werden dabei von den beiden Spielern neben ihrem Tor sofort unterstützt. Diese beiden Mitspieler werden sofort zu Stürmern. Bei einem "Ausball" oder einem Tor, bringt einer dieser beiden Spieler einen Ball sofort mit ins Geschehen und leitet den Angriff ein. Bei einem Ballverlust der Angreifer, bei dem der Ball im Spiel bleibt, leiten die Verteidiger auf dem Feld den Angriff ein, die Spieler neben dem Tor stoßen sofort zu dem Überzahlangriff hinzu.
Wird hier wieder der Ball verloren oder mit einem Tor abgeschlossen, wechselt die angreifende Mannschaft. Sie wird wieder von zwei weiteren Spielern unterstützt, und die jetzt wieder verteidigende Mannschaft nimmt zwei Spieler vom Feld.
Es empfiehlt sich, hier mit drei „festen Verteidigern" zu spielen. Diese wechseln also permanent von Verteidigung auf Angriff und umgekehrt. Bei jedem Angriffswechsel wird die angreifende Mannschaft also von zwei "frischen" Stürmern ergänzt.

21. Trainingseinheit

Hier wird nicht nur der Konter trainiert, sondern auch das schnelle Umschalten von Angriff auf Abwehr und die fußballspezifische Ausdauer.

Nach einer gewissen Zeit werden die drei Stammspieler jeder Mannschaft ausgetauscht.

Diese Übung macht allen Spielern erfahrungsgemäß sehr viel Spaß und beinhaltet einen enormen Lernprozess.

Variationen: Die gleiche Übung kann auch mit drei Angreifern gegen zwei Verteidiger gespielt werden, bzw. auch in anderen Kombinationen wie 2 gegen 1.

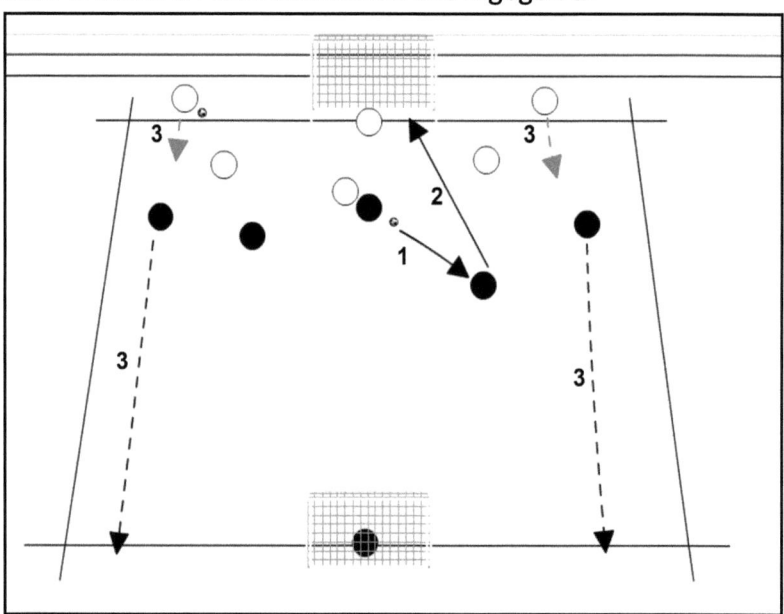

21. Trainingseinheit

Übung 2

Die folgende Übung ist höchst interessant, lehrreich, fussballspezifisch und macht allen Fußballern sehr viel Spaß.
Hierbei werden das schnelle Passspiel, Freilaufen, Direktspiel, schnelle Umschalten von Angriff auf Abwehr, schnelle Umschalten von Abwehr auf Angriff und das Konterspiel trainiert.

Die Übung kann weiterhin mit unterschiedlichsten Mannschaftsstärken gespielt werden, wie 5 : 3, 6 : 3, 7 : 4, 8 : 4, 8 : 5, 9 : 5, 10 : 5 oder 10 : 6.
Die Mannschaft in Überzahl soll den Ball so schnell wie möglich durch die eigenen „Reihen" laufen lassen und spielt auf kein Tor. Das Team in Unterzahl versucht, den Ball zu erkämpfen und spielt auf vier Hütchentore. Bei einem Ballgewinn schalten sie sofort auf Angriff um, und versuchen ein Tor zu erzielen. Die Hütchentore stehen jeweils in der Mitte der vier Seitenlinien. Die Feldgröße wird der Spieleranzahl, der Kondition und der technischen Qualität angepasst.
Nach einigen Minuten wird die Mannschaft in Unterzahl immer wieder ausgetauscht.

 ## 21. Trainingseinheit

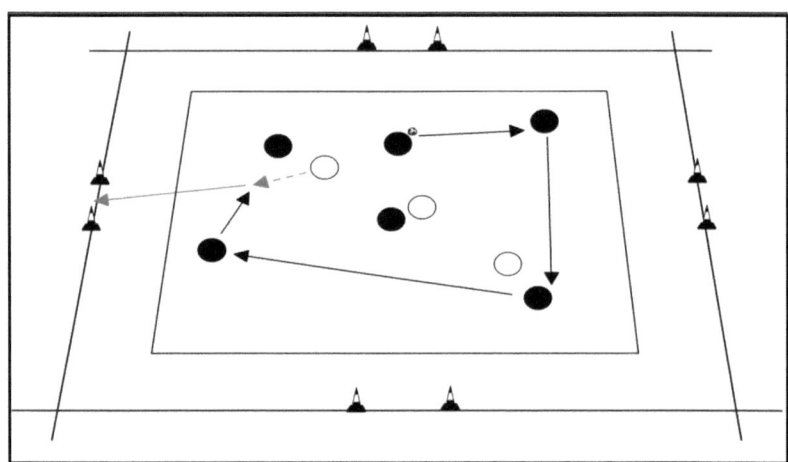

Variationen:
- Nach ein bis drei Toren wechselt die Mannschaft in Unterzahl.
- Die Mannschaft in Überzahl darf nicht dribbeln.
- Die Mannschaft in Überzahl spielt mit jeweils höchstens zwei Ballkontakten.
- Das Team in Überzahl muss direkt spielen.
- Die Mannschaft in Unterzahl spielt nur auf drei Hütchentore und das Team in Überzahl spielt auf ein „normales" Tor, das mit einem Torwart besetzt ist.
- Die Mannschaft in Unterzahl spielt nur auf zwei Hütchentore.
- Das Team in Überzahl spielt mit Gewichtswesten und macht nach jedem Tor der gegnerischen Mannschaft 10 Liegestütze.

Abschlussspiel

Zum Schluss erfolgt wieder ein „freies" Abschlussspiel.

22. Trainingseinheit

Austobphase (siehe 1. Trainingseinheit)

Einleitungsteil

Übung 1

3 gegen 3 mit einer festen Anspielstation

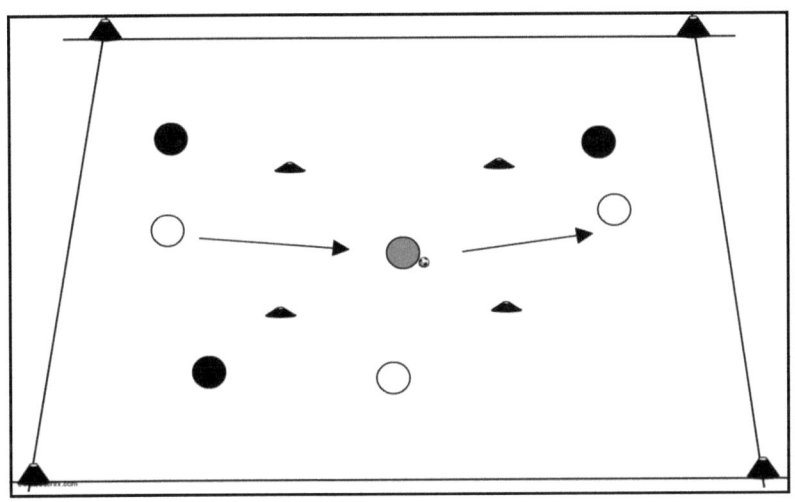

Übungsaufbau: Siehe Grafik, "3 gegen 3" und ein neutraler Spieler
Übungsablauf: - Bei jedem 2. Pass muss der neutrale Spieler angespielt werden - Pässe durch das mittlere Viereck sind nicht erlaubt, wenn der neutrale Spieler nicht angespielt wird - das mittlere Viereck darf nur vom neutralen Spieler betreten werden - zuerst 3 Ballkontakte, dann 2 und 1.
Bei entsprechender Spieleranzahl wird diese Übung natürlich an zwei oder drei Stationen gleichzeitig trainiert.

22. Trainingseinheit

Übung 2

Die folgende Übung trainiert hervorragend das schnelle Umschalten von Angriff auf Abwehr und umgekehrt für den Mittelfeldbereich. Es wird ein Feld abgesteckt von 30 – 40 Metern Länge und 15 – 20 Metern Breite. Das Feld wird in drei gleich große Bereiche gedrittelt.

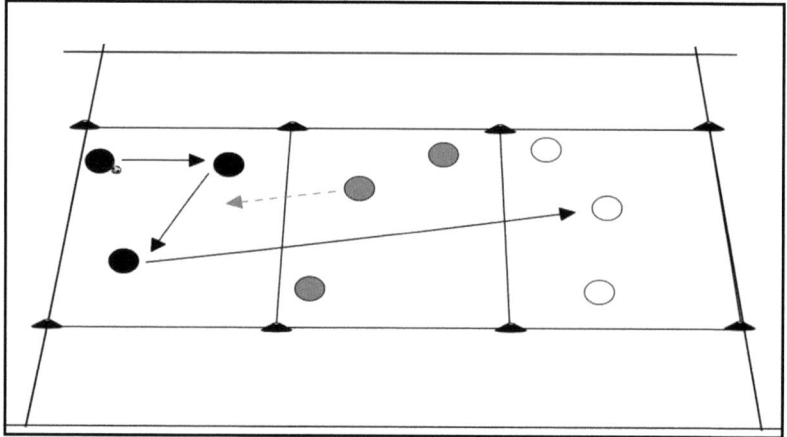

Es werden nun drei Dreierteams gebildet, die sich wie auf dem Bild dargestellt, verteilen. Die Mannschaft in der Mitte spielt gegen die beiden äußeren Teams. Ein äußere Mannschaft ist in Ballbesitz, und spielt sich im eigenen Feld die Bälle zu. Ein Verteidiger der mittleren Mannschaft darf nun in dieses Feld laufen und versucht, den Ball zu bekommen oder ins Aus zu befördern. Die Mannschaft in Ballbesitz darf den Ball jetzt aber auch zu den Mitspielern im zweiten äußeren Feld flach oder hoch passen. Die beiden anderen Spieler in der Mitte sollen diesen Pass aber abfangen.

22. Trainingseinheit

Gelingt der weite Pass, kehrt der Verteidiger in die Mitte zurück und ein anderer Verteidiger attackiert die andere Außenseite, und das Spiel geht mit den gleiche Spielregeln weiter. Gelingt den Verteidigern eine Balleroberung oder sie können den Ball ins Aus befördern, wechselt die mittlere Mannschaft in ein äußeres Feld. Die äußere Mannschaft, die den Ball verloren hat, muss nun in der Mitte verteidigen usw.

Abschlussspiele

Eine Mannschaft spielt in Überzahl. Diese Mannschaft darf nur nach vorne spielen oder vorwärts dribbeln. Bei Missachtung dieser Regeln wechselt sofort der Ballbesitz. Die Mannschaft in Unterzahl weiß nun bei einem Ballverlust, dass der Gegner aggressiv nach vorne spielt, und sie damit blitzschnell von Angriff auf Abwehr umschalten muss.

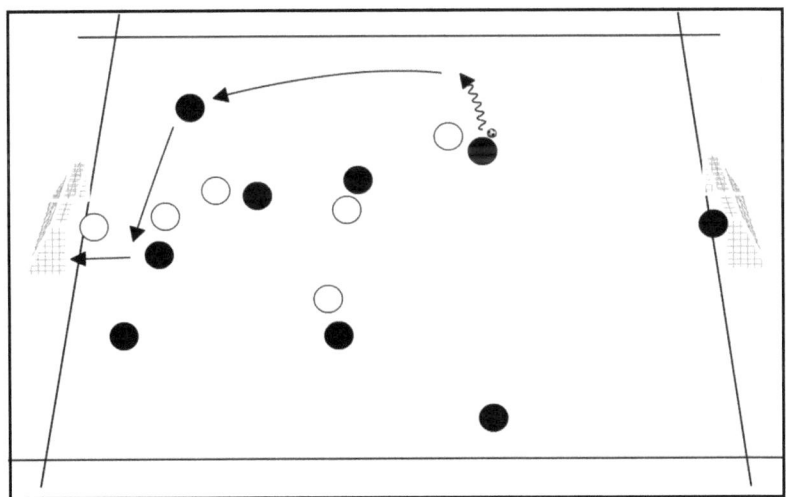

22. Trainingseinheit

Bei dieser Form des Trainingsspiels darf eine Mannschaft nur ein Tor erzielen, wenn alle Mitspieler (außer Torwart) sich in der gegnerischen Hälfte befinden. Bei dieser Regel sind alle Spieler mehr oder weniger gezwungen, sich ins Angriffsspiel mit einzuschalten. Des Weiteren wird hier ganz unauffällig das Training der fußballspezifischen Ausdauer eingebaut (diese Art des Abschlussspiels wird natürlich nach einem harten Konditionstraining vermieden, ein Training in den Erschöpfungszustand oder sogar in ein permanentes Übertraining könnte die Folge sein).

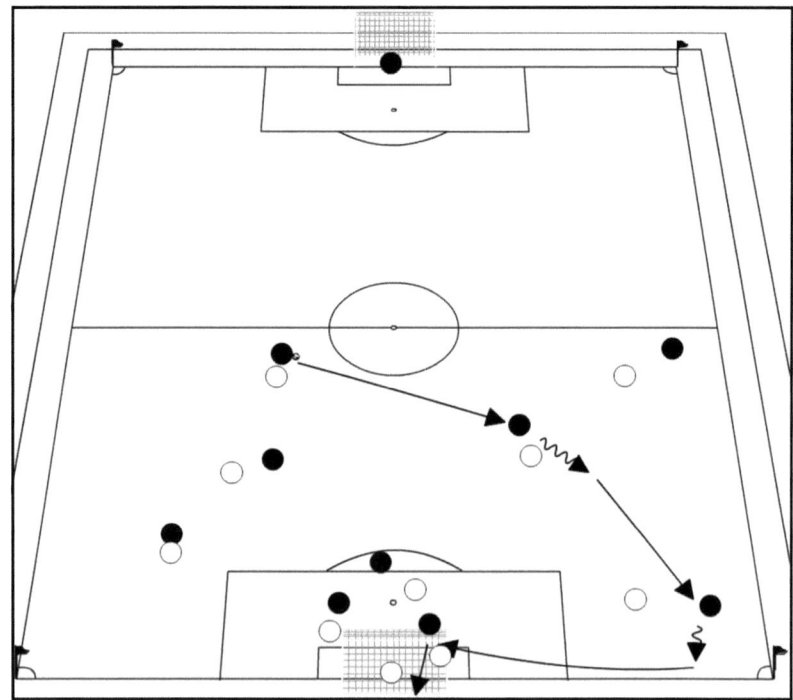

Zum Schluss wird natürlich wieder das „freie" Abschlussspiel eingesetzt.

23. Trainingseinheit

Einleitungsteil

Ein Feld wird abgesteckt und dabei der Spieleranzahl angepasst. In diesem Feld bekommt jeder einen Ball. Dieser soll geführt werden, ohne dass ein Mitspieler dabei behindert oder von einem anderen Ball berührt wird. Die Ausführung bestimmter Finten wird in diesem Aufwärmprogramm eingebaut.

Diese Übung wird etwa nur zwei Minuten praktiziert, da sonst schnell Langeweile auftritt.

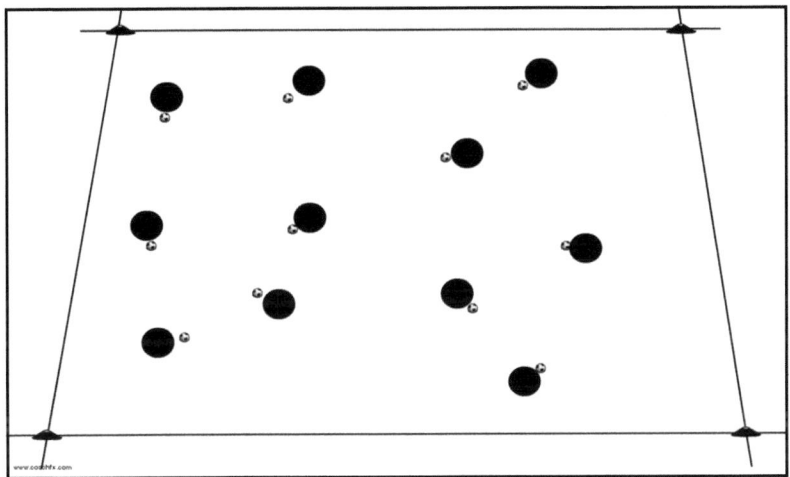

Hauptteil

Komplexe Übungen für das Konterspiel / Umschalten

Übungsaufbau: Jeweils ein Hütchen an den Seitenlinien in Höhe der Mittellinie aufstellen. Ein weiteres zentral an der Strafraumlinie und das vierte Hütchen zentral zwischen

23. Trainingseinheit

Mittellinie und Strafraum. Alle Hütchen werden mit Spielern einer Mannschaft besetzt. Der Stürmer C am Hütchen erhält zwei Gegenspieler und der Spieler B am Hütchen einen.

Übungsablauf: Der Torhüter spielt einen Abstoß oder Abschlag zu A, der nimmt den Ball und spielt zu B, der von seinem Gegenspieler bedrängt wird. A läuft direkt dem Ball hinterher und bekommt den Ball von B, A passt direkt zu C, der ebenfalls von seinen Gegenspielern bedrängt wird. Gleichzeitig läuft D Richtung Tor und bekommt den Ball von C in den Lauf gespielt. Dieser umspielt einen Gegenspieler (der nur anfangs "halbaktiv" spielt) und schließt mit einem Torabschluss ab. Aufgrund der Gegnereinwirkung soll hier neben dem Torschuss, auch das Entgegenlaufen eines Passes trainiert werden.

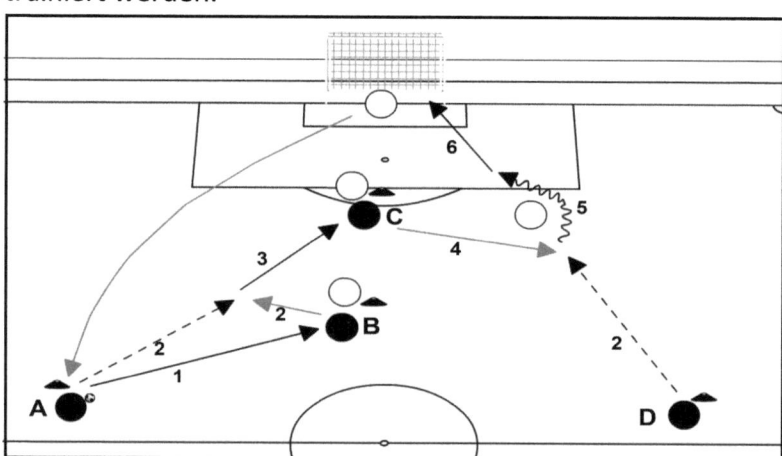

Bei der nächsten Übung (siehe Skizze auf der nächsten Seite) werden abwechselnd von der linken und rechten Seite, Flanken in den Strafraum geschlagen. Hierbei wird variiert zwischen hohem, halbhohem und flachem Zuspiel.

 ## 23. Trainingseinheit

Die Flanken erfolgen aus der Bewegung, Freistößen und Eckbällen.
Zwei Angreifer starten dabei in den Torraum, der mit vier Verteidigern und einem Torwart besetzt ist, und sollen die Flanken verwerten. Ein offensiver Mittelfeldspieler lauert hinter den Stürmern, wartet auf Distanzschüsse und sichert gleichzeitig zwei Hütchentore, links und rechts hinter sich, ab.
Fangen die Verteidiger den Ball ab, starten sie sofort einen Konterangriff in Richtung der beiden kleinen Hütchentore, und versuchen, ein Tor zu schießen.
Das Kontertor muss in einer reinen Vorwärtsbewegung erzielt werden. Bei einem Torabschluss oder erfolgreicher Abwehr durch die Stürmer und dem offensiven Mittelfeldspieler, wird erneut mit einer Flanke begonnen.
Die Übung verläuft ab der B-Jugend über die gesamte Spielfeldbreite auf das große Tor. Die Spielfeldlänge beträgt hier etwa 30 – 40 Meter.

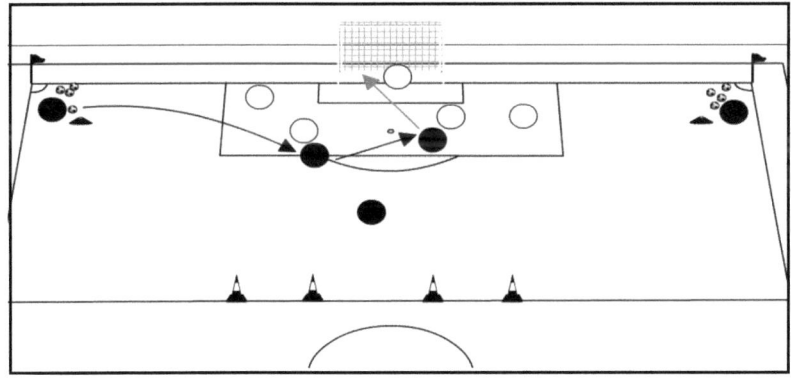

Abschlussspiel

Zum Schluss erfolgt wieder ein „freies" Abschlussspiel.

24. Trainingseinheit

Die folgende Trainingseinheit dient der athletischen Ausbildung der jungen Fußballer und kann durchaus mehrmals in einer Saison eingesetzt werden.

Aufwärmen über die Platzbreite (siehe 10. Trainingseinheit)

Sprinter ABC

Eine weitere Einstimmung auf das Training erfolgt durch ein kurzes Sprinter ABC (siehe dazu die ausführliche Erklärung in der 3. Trainingseinheit).
Nach dem Sprinter ABC werden drei Sprints mit maximaler Intensität über 30 – 40 Meter absolviert. Der Start erfolgt aus unterschiedlicher Positionen wie stehend, liegend usw.

Übung 1

Es wird mit Hürden, Stangen ein beliebiger Parcour aufgebaut, der den Leistungsstand der Kinder berücksichtigt. Ein Tor wird aufgebaut und mit einem Torhüter besetzt. Die Bälle sind bei dem Zuspieler und dem Werfer.
Der erste Fußballer ohne Ball springt über die Hürden, gefolgt von Skipping über die Stangen, ein Kopfball nach Zuwurf von unten mit einem nicht hart aufgepumpten Ball, ein Sprint Richtung Zuspieler, der den Spieler anspielt und mit einem Torschuss abschließt. Die Kinder sollen danach den Ball zum Zuspieler zurückbringen und zum Startpunkt zurückgehen. Die Betonung liegt auf „gehen", damit eine Erholungsphase gegeben ist. Die Übung wird dreimal je Spieler wiederholt.

24. Trainingseinheit

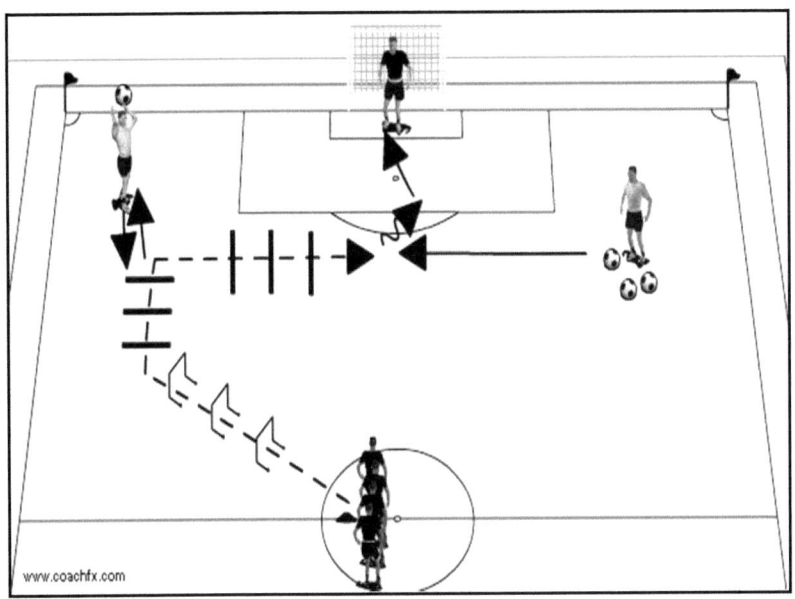

Übung 2

Bei dieser Übung wird auf ein großes besetztes Tor und zwei Pylonentore gespielt (siehe folgende Zeichnung). Das große Tor wird von vier Feldspielern verteidigt. Sechs Gegenspieler stürmen auf das besetzte Tor, müssen aber bei Ballverlust die „Hütchentore" schützen.
Der Abschluss auf das große Tor soll dabei so schnell wie möglich erfolgen.
Nach einigen Minuten werden die Verteidiger ausgetauscht.

 # 24. Trainingseinheit

Übung 3

Nach dieser Übung wird die ganze Situation „verschärft". Jetzt wird die Angreiferzahl auf sieben erhöht, darf aber nur mit maximal drei Ballkontakten agieren.

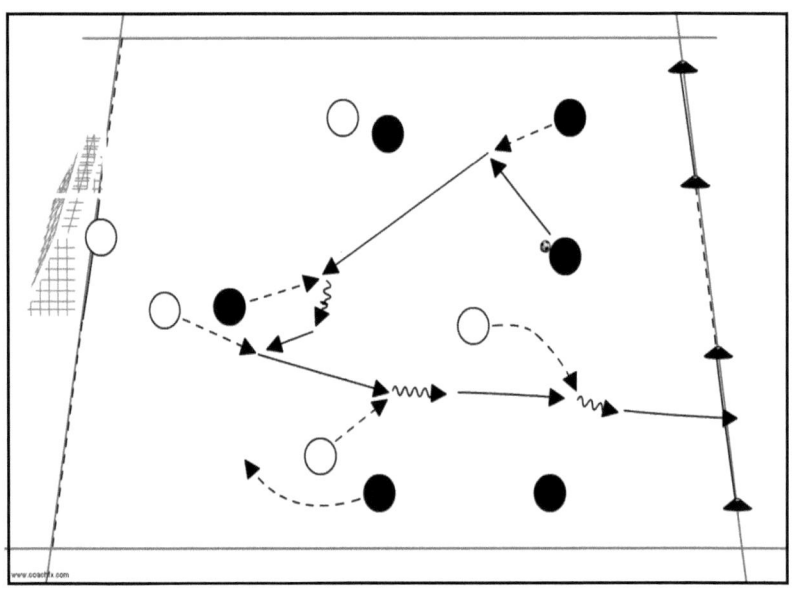

Abschlussspiel

Zum Schluss erfolgt wieder ein „freies" Abschlussspiel.

# 25. Trainingseinheit

Einleitung / Aufwärmen

Die ersten Durchgänge der unten beschriebenen Übung werden anfangs nur im lockeren Lauf (Aufwärmteil) durchgeführt, und erst danach im Tempodribbling. Auch die hier beschriebene Trainingseinheit kann in einer Saison mehrmals eingebaut werden.

Es werden jeweils zwei Hütchen mit einem Abstand von etwa 20 Metern aufgebaut. An jedem Hütchen stehen drei Kinder hintereinander, auf einer Seite hat jedes einen Ball.
Auf Kommando starten die ersten Kinder der Ballreihen mit einem Tempodribbling in Richtung des anderen Hütchens. Gleichzeitig starten die entsprechenden kleinen Fußballer von der anderen Seite entgegen. Ist ein Abstand von 2 – 3 Metern erreicht, erfolgt ein kurzer Pass zum Mitspieler. Dieser dribbelt nun weiter zum anderen Hütchen und stellt sich dort wieder an. Jetzt starten die nächsten Spieler usw.

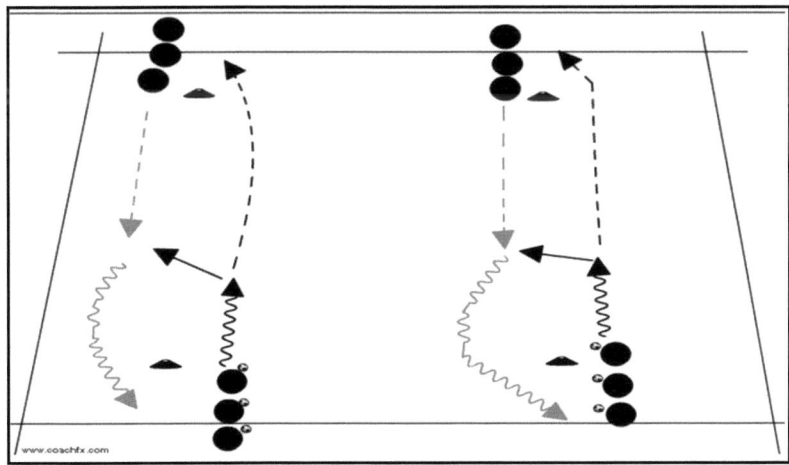

 # 25. Trainingseinheit

Danach erfolgt die gleiche Übung, aber diesmal wird der Ball nur ganz kurz vor dem Mitspieler einfach „liegengelassen", der Partner versucht den Ball mit hoher Geschwindigkeit, kontrolliert und dribbelnd, mitzunehmen.

Als Nächstes wird der zuerst Ballführende rechts parallel von einem Gegenspieler (nur leicht aktiv und störend) begleitet. Der Ball wird wieder kurz vor dem Mitspieler „liegengelassen" (natürlich kommt der Partner von der anderen Seite, damit er nicht mit dem Gegenspieler kollidiert). Der Partner versucht wieder den Ball mit hoher Geschwindigkeit, kontrolliert und dribbelnd, mitzunehmen.
Zum Abschluss dieser Übungsreihe wechseln Gegenspieler und übernehmender Mitspieler die Laufseiten.

Die gleiche Übungsreihe erfolgt nun etwa 18 Meter vor dem Tor (siehe Skizze auf der nächsten Seite). Die Spieler laufen also parallel zur Torlinie aufeinander zu. Der ballübernehmende Spieler schließt dann mit einem Torschuss aus einer Torentfernung von etwa 15 Metern (Innenspannstoß) ab.
Der Trainer achtet darauf, dass jeder Spieler in den verschiedenen Rollen agiert (Ballübergeber/Ballübernehmer mit Torschuss/Verfolger in der letzten Übungsreihe).

25. Trainingseinheit

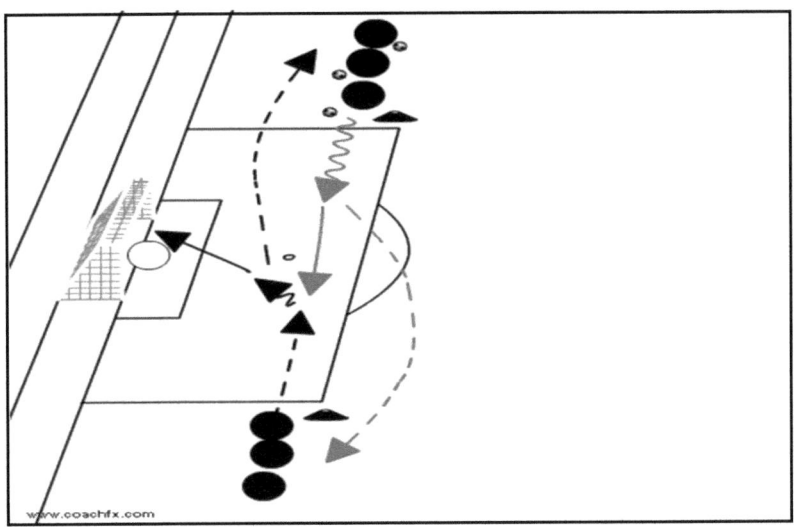

Hauptteil

Bei dieser interessanten Übung können wir die gesamte Mannschaft sinnvoll beschäftigen und vielfältige technische Trainingsreize setzen (Aufbau sie nächste Seite).

Ablauf: A spielt den weiten Pass zu B, der zu C weiterpasst. Nach einer kurzen Ballkontrolle spielt C Spieler D in den Lauf. Dieser nimmt den Ball im vollen Lauf an und dribbelt zur Torauslinie und flankt den Ball in den Strafraum.
Hier versuchen zwei Stürmer gegen einen Torwart und einen Abwehrspieler ein Tor zu erzielen.
Nach jedem Durchgang rücken die Spieler A bis D eine Position weiter.

25. Trainingseinheit

Natürlich werden auch die Stürmer und Abwehrspieler gelegentlich getauscht.

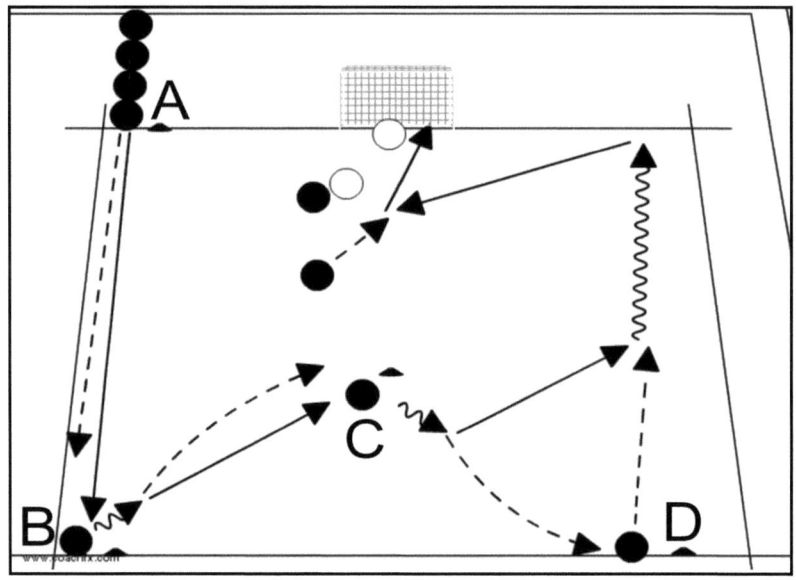

Abschlussspiele

Bei dem folgenden Abschlussspiel wird sehr stark die fußballspezifische Ausdauer trainiert (siehe Skizze auf der nächsten Seite).
Mehrere kleine Tore mit Pylonen werden in einer Spielfeldhälfte aufgebaut. Es spielen mindestens „6 gegen 6". Der Ball soll durch ein Tor gespielt werden, wobei ein Mitspieler diesen Ball hinter dem Tor annehmen muss, damit ein reguläres Tor erzielt wird. Die Spieldauer beträgt etwa 10 Minuten. Der Trainer muss darauf achten, dass alle Spieler ständig in Bewegung sind und nicht permanent hinter einem Tor auf das Anspiel warten.

# 25. Trainingseinheit

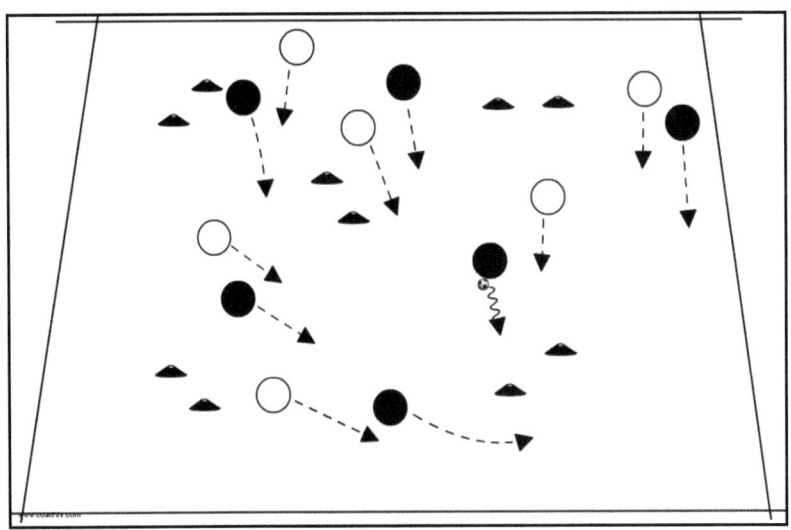

Zuletzt erfolgt wieder ein „freies" Abschlussspiel.

# 26. Trainingseinheit

Einleitung / Aufwärmen

Wir beginnen unseren Einleitungsteil wie in der 25. Trainingseinheit.

Hauptteil

Übung 1

Hier beschreiben wir eine leichte Eckballübung (siehe folgende Grafik).
Die beiden Flankengeber stehen mit ihren Bällen weiter vom Tor entfernt an der Torauslinie und bringen abwechselnd Eckbälle herein.
Die Entfernung wird so gewählt, dass auch alle Spieler brauchbare Flanken hereinbringen können. Ein Spieler steht im Tor mit Unterstützung eines Abwehrspielers. 20 Meter zentral vor dem Tor stehen die Kinder in Zweiergruppen hintereinander. Wenn sie gemeinsam Richtung „Tor" laufen erfolgt eine Flanke von links oder rechts. Die beiden Spieler sollen nun irgendwie zum Torerfolg kommen (Direktabnahme, Kopfball, Dribbling oder Abspiel), der Abwehrspieler und der Torwart sollen sie daran hindern. Nach dieser Aktion wird der Ball, wenn möglich, zum Flankengeber zurückgepasst. Das nächste Paar startet und die vorherige Zweiergruppe stellt sich in der Reihe hinten wieder an.
Nach einiger Zeit werden die Positionen natürlich getauscht.

 **26. Trainingseinheit**

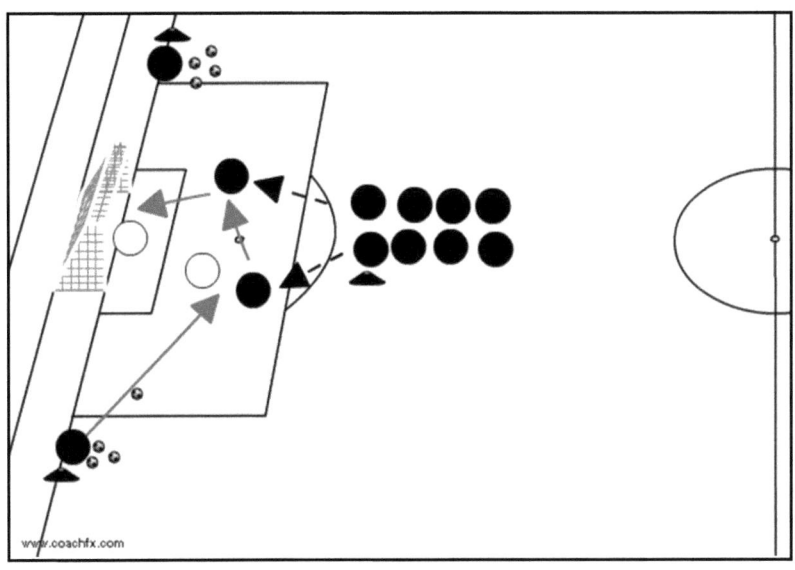

Übung 2

Die nächste Übung ist anspruchsvoller und schult das beidbeinige Flanken (siehe folgende Grafik).
Es werden 3 Gruppen auf der Mittellinie gebildet, wobei die Positionen nach einiger Zeit getauscht werden. Die Spieler in der Mitte erhalten jeweils einen Ball. Der erste Spieler mit Ball spielt diesen in den Lauf des Flankengebers. Dieser durchdribbelt den Hütchenparcour, dribbelt weiter bis zur Toraußenlinie und flankt den Ball auf den mitgelaufenen Mittelspieler. Dieser versucht die Flanke zu verwerten. Jetzt erfolgt die nächste Flanke von der anderen Seite, usw.

 # 26. Trainingseinheit

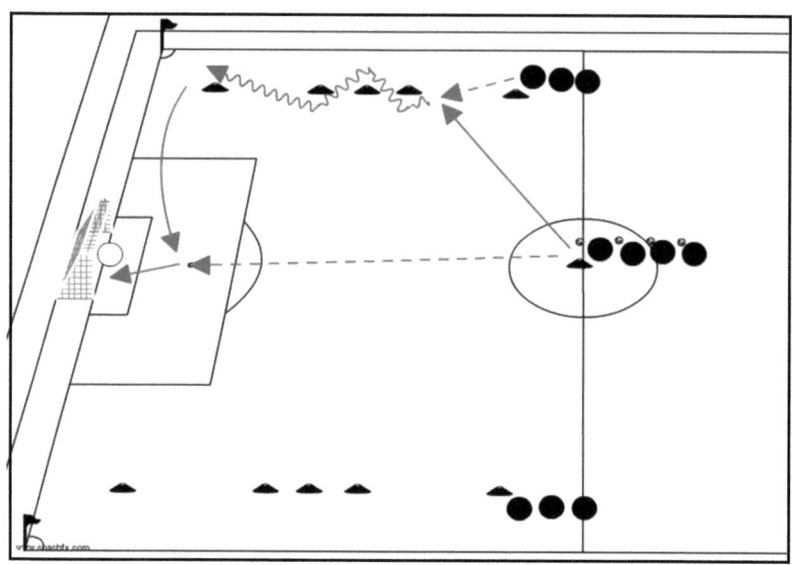

Übung 3

Die jetzt beschriebene Übung ist hervorragend zur Schulung des Zweikampfverhaltens und der fußballspezifischen Ausdauer geeignet. Es werden zwei Mannschaften gebildet von z.B. je sechs Spielern, die jeweils von eins bis sechs durchnummeriert werden. Wiederum wird ein Quadrat mit einer Seitenlänge von etwa 30 Metern abgesteckt. In der Mitte des Feldes liegt ein Ball. An zwei Diagonalen stehen die beiden Mannschaften ohne Ball (siehe folgende Grafik).
Der Trainer ruft jetzt „Nummer 1". Die beiden Spieler, die mit dieser Zahl benannt wurden, sprinten zum Ball. Sie versuchen diesen zuerst zu erreichen und in Ballbesitz zu bleiben. Der Gegenspieler will natürlich seinerseits den Ball erobern und

# 26. Trainingseinheit

in seinem Besitz behalten. Nach 30 Sekunden ruft der Trainer „Nummer 2". Jetzt wird 30 Sekunden 2 gegen 2 gespielt. Nach weiteren 30 Sekunden 3 gegen 3 usw.

Ist auch der sechste Spieler 30 Sekunden auf dem Feld, ruft der Trainer „Nummer 1" und die betreffenden Spieler verlassen den Platz. Zum Schluss spielen nur noch die „Spieler 6" 30 Sekunden 1 gegen 1 und dann ist die Übung beendet.

Diese Übung ist ab der D-Jugend sinnvoll, hierbei sollten die einzelnen Intervalle aber auf 30 Sekunden begrenzt bleiben.

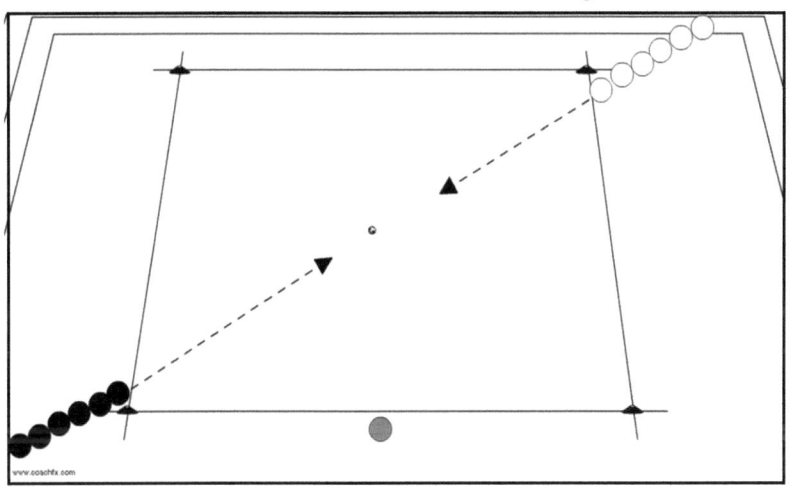

Abschlussspiel

Nach dieser anspruchsvollen Trainingseinheit erfolgt ein längeres und „freies" Abschlussspiel.

 ## 27. Trainingseinheit

Das heutige Aufwärmprogramm wird wieder etwas länger gestaltet und bietet sich immer bei niedrigen Außentemperaturen an.

Aufwärmen über die Platzbreite (siehe 10. Trainingseinheit)

Sprinter ABC

Eine weitere Einstimmung auf das Training erfolgt durch ein kurzes Sprinter ABC (siehe dazu die ausführliche Erklärung in der 3. Trainingseinheit).
Nach dem Sprinter ABC werden drei Sprints mit maximaler Intensität über 30 – 40 Meter absolviert. Der Start erfolgt aus unterschiedlicher Positionen wie stehend, liegend usw.

Hauptteil

Übung 1

Und hier eine weitere Übung zur Schulung des Zweikampfverhaltens. Es wird ein Quadrat von etwa 30 x 30 Meter abgesteckt. An jeder Pylone stehen mehrere Spieler hintereinander. Bei zwei Gruppen hat jeder einen Ball. Der erste Spieler dribbelt ins Feld und passt diagonal zu seinem Gegenspieler. Dieser nimmt den Ball an und versucht im 1 gegen 1 die gegenüberliegende Seitenlinie mit enger Ballführung zu erreichen. Erlangt aber der Verteidiger den Ball, versucht dieser die andere Linie zu erreichen.
Danach startet die andere „Diagonale" usw.

 ## 27. Trainingseinheit

Diese Übung kann auch in Wettkampfform mit Punktevergabe ausgetragen werden.

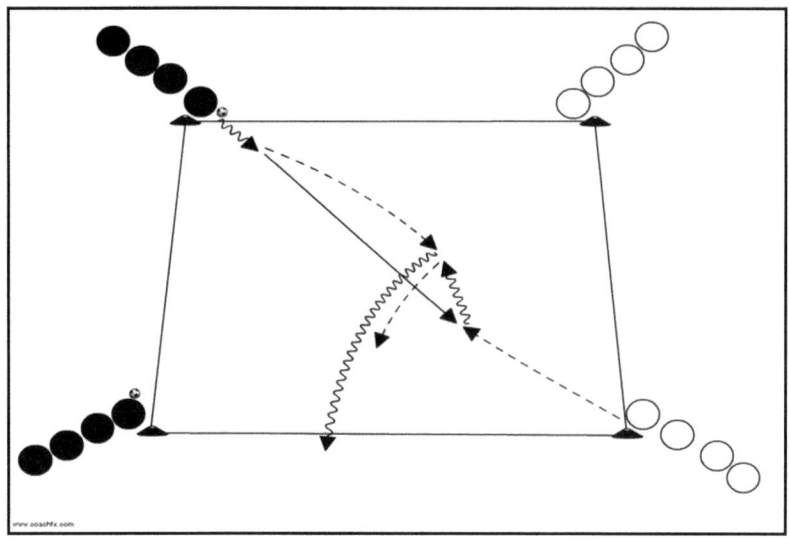

Übung 2

Jetzt wird auf ein großes besetztes Tor und zwei „Hütchentore" an der linken und rechten Außenlinie gespielt, wie in der folgenden Zeichnung erkennbar.

Ein Anspieler wird ebenfalls ausgesucht, der sich zwischen den beiden „Pylonentoren" postiert. Angreifer und Verteidiger werden paarweise zugeordnet.

Ein Paar steht im Feld, die anderen warten an der Außenlinie. Der Anspieler bringt mit einem Einwurf den Angreifer ins Spiel, dieser versucht im Kampf „1 gegen 1" auf das große Tor abzuschließen. Erobert der Verteidiger den Ball, soll er diesen in ein „Hütchentor" befördern. Hierbei darf aber auch der

27. Trainingseinheit

Anspieler aktiv als Verteidiger eingreifen.
Nach Abschluss geht das nächste Paar ins Feld usw. Die Übung wird an zwei Stellen gleichzeitig trainiert oder in ein Training mit verschiedenen Stationen eingebaut.

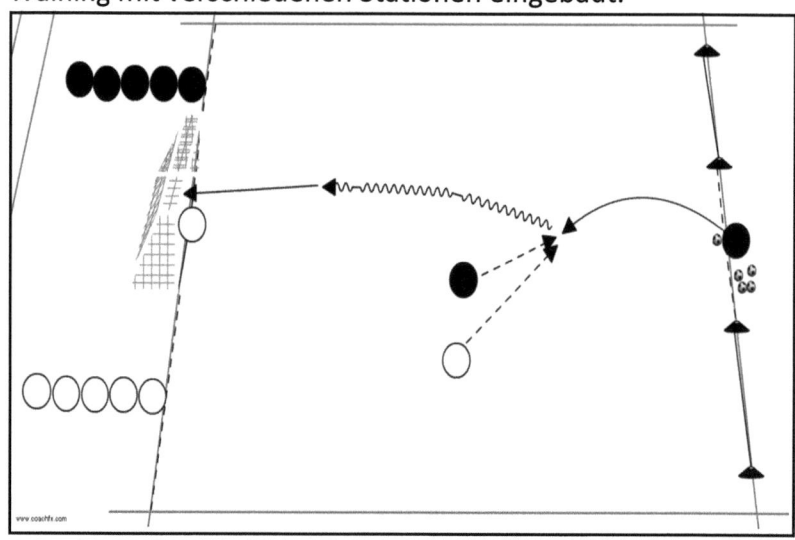

Übung 3

Übungsaufbau: Auf Höhe der Mittellinie werden mit Hütchen Paare gebildet, je Paar ein Ball und ein Tor wird besetzt. Ca. 20-25 Meter vor dem Tor positionieren sich auf beiden Seiten jeweils ein Stürmer und ein Verteidiger ohne Ball. An den Außenseiten der Mittellinie werden Hütchentore aufgebaut (siehe Grafik).
Übungsablauf: Die Paare spielen sich den Ball nach Angaben des Trainers zu (z.B. mit dem Außenrist etc.). Auf ein Trainerkommando spielt der Spieler mit Ballbesitz des ersten

# 27. Trainingseinheit

Paares den Ball diagonal zum entgegenlaufenden Stürmer. Der Verteidiger stört bei der Ballannahme oder versucht, selbst in Ballbesitz zu kommen. Der Stürmer versucht, auf das besetzte Tor abzuschließen, während der Verteidiger auf das Hütchentor abschließen soll. Die Paare rücken jetzt um eine Position nach vorne, während das erste Paar eine der beiden Außenpositionen besetzt und zwar die Positionen, die sich gerade im Zweikampf befunden haben. Das Zweikampfpärchen stellt sich hinten an der Mittellinie an.

Übung 4

Übungsaufbau: Der Aufbau von Übung 3 kann hier teilweise übernommen werden. Die beiden Hütchentore werden abgebaut. An beiden Außenlinien werden Hütchenreihen in der gleichen Anzahl wie in der Mitte aufgestellt (je nach Altersklasse können diese weiter zur Mitte hin aufgestellt

27. Trainingseinheit

werden). Diese werden mit Spielern ohne Ball besetzt. Die Spieler an den Außenlinien erhalten Nummern (hier von 1 bis 3). Ein Verteidiger befindet sich ca. 20 Meter vor dem Tor (siehe Grafik).

Übungsablauf: Es soll ein "1 gegen 1 plus 1" gespielt werden. Auf ein Trainerkommando startet der jeweils mit seiner Nummer aufgerufene Spieler Richtung Mittellinie und umläuft das jeweils hintere Hütchen. Daraufhin versuchen die Spieler den Zweikampf um den Ball (in der Mitte liegend) für sich zu entscheiden und dribbeln mit diesen in Richtung Tor. Der ausgespielte Spieler setzt nach. Er erhält jetzt Unterstützung vom Verteidiger. Die Aufgabe des ballbesitzenden Spielers ist es , so schnell wie möglich auch noch den Verteidiger auszuspielen und zum Abschluss zu kommen.

Zum Schluss erfolgt wieder ein „freies" Abschlussspiel.

 # Rückrunde/ Trainingsbeginn nach der Winterpause

Die ersten Trainingseinheiten beinhalten wiederum ein Grundlagenausdauertraining, das allerdings wesentlich kürzer gehalten wird als in der Hinrunde. Es wird auf zwei bis drei Trainingseinheiten begrenzt und locker gesteuert. Diese Einheiten werden jetzt noch ausführlich beschrieben. Das weitere Trainingsprogramm ist mit dem Hinrundentraining weitgehend identisch. Es sollte aber auf einige wichtige Unterschiede geachtet werden:

1. Die Schulung und Verbesserung der Viererkette wird im Training nur noch bei erkennbaren Schwächen und grundlegenden Fehlern weiter eingebaut.

2. Harte Trainingseinheiten werden nicht mehr absolviert, die jungen Fußballer sind „voll" im Training und konditionell bestens durch die Hinrunde vorbereitet. Die fußballspezifische Ausdauer wird durch Wettkampfspiele und Abschlussspiele im Training optimal konserviert.

3. Das Grundlagenausdauertraining nach der Winterpause wird sehr kurz gehalten. Es dient lediglich der weiteren Regeneration und soll extremen Muskelkater in der ersten Woche vermeiden.

4. In allen weiteren Trainingseinheiten steht überwiegend das Training mit Ball im Vordergrund. Übungen, die wir in dieser Zeit besonders empfehlen, werden noch einmal zum Schluss aufgeführt. Zuerst beschreiben wir aber ausführlich die ersten drei Trainingseinheiten nach der Winterpause.

28. Trainingseinheit

Waldlauf

Wir starten jetzt mit dem ersten Grundlagenausdauertraining der Rückrunde. Der Waldlauf wird wiederum in der D-Jugend auf 15 – 20 Minuten, in der C-Jugend auf 20 – 25 Minuten begrenzt. Bei nur einer Aufsichtsperson bleibt die Gruppe geschlossen. Die Aufsichtspflicht darf nie verletzt werden.

Stretching

Nach dem Ausdauerlauf erfolgt ein längeres Programm mit Dehnungsübungen, leichtem Bauchmuskelprogramm und verschiedene Formen von Liegestützen. Die Kräftigungsübungen werden nicht bis zur Ermüdung durchgeführt (5 – 10 pro Durchgang).

Abschlussspiel

Nach dem Stretching wird nur noch ein „freies Trainingsspiel" gestartet. Die Länge der ersten Trainingseinheit wird auf 70 – 80 Minuten verkürzt.

29. Trainingseinheit

Waldlauf

Diesmal wird der Waldlauf in Form eines Fahrtspiels absolviert. Die Laufgeschwindigkeit wird während des Laufes ständig verändert.

Beispiel: Der erste Kilometer wird ganz locker begonnen, dann 500 m zügig gelaufen, die nächsten 500 m wieder locker, gefolgt von einem Sprint über 50 – 100 m bergauf, 500 m gehen und noch einmal 1000 – 2000 m langsam traben.

Stretching (siehe 28. Trainingseinheit)

Abschlussspiel (siehe 28. Trainingseinheit)

 ## 30. Trainingseinheit

Aufwärmen über die Platzbreite (siehe 10. Trainingseinheit)

Sprinter ABC

Eine weitere Einstimmung auf das Training erfolgt durch ein kurzes Sprinter ABC (siehe dazu die ausführliche Erklärung in der 3. Trainingseinheit).

Technik (Basistraining)

Wir wiederholen an dieser Stelle das technische Grundlagentraining aus der 9. Trainingseinheit.

Abschlussspiel

Noch einmal erfolgt zum Ende des Trainings ein „freies" Abschlussspiel.

# Inhalt der weiteren Trainingseinheiten der Rückrunde

Nur bei niedrigen Außentemperaturen (unter 10 ° Celsius) wird ein Aufwärmprogramm ohne Ball absolviert (z. B. Aufwärmen ohne Ball über die Platzbreite, Sprinter ABC usw.).

In allen anderen Fällen empfehlen wir Übungen im Einleitungsteil mit Ball. Anfangs werden die Übungen aber mit geringer Intensität durchgeführt.

Wichtige Übungen im Einleitungsteil zur Wiederholung:

Pärchen im Viereck

Es wird wieder ein großes Viereck abgesteckt. In diesem Feld stehen mehrmals zwei Pylonen mit einem Abstand von etwa einem Meter nebeneinander. Die Größe des Feldes und die Anzahl der Pylonenpaare wird der Spieleranzahl angepasst.

Übungsablauf: Es werden Zweiergruppen mit jeweils einem Ball gebildet. Der ballführende Spieler dribbelt durch das Feld und darf nur durch ein Pylonenpaar zu seinem Partner abspielen. Ein Abspiel soll immer relativ schnell erfolgen.

Auch bei dieser Übung sollen die anderen Pärchen möglichst wenig gestört und auch Finten mit eingebracht werden. Hierbei wird auch hervorragend die Spielübersicht trainiert.

Inhalt der weiteren Trainingseinheiten der Rückrunde

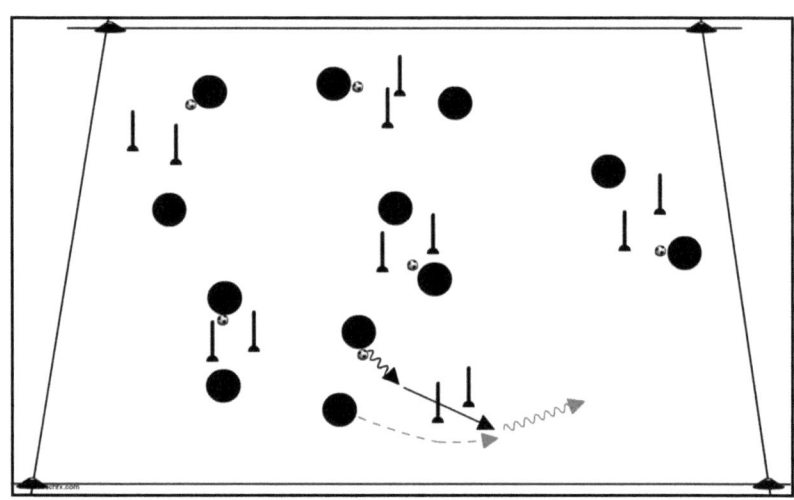

Statisches Passspiel

Die Kinder passen sich den Ball abwechselnd mit der linken und rechten Innenseite zu. Der Ball wird zuerst gestoppt und dann direkt gespielt, wobei er durch zwei Hütchen gepasst werden soll. Die Entfernung ist abhängig vom Trainingszustand.
An dieser Station trainieren ein bis zwei Paare.

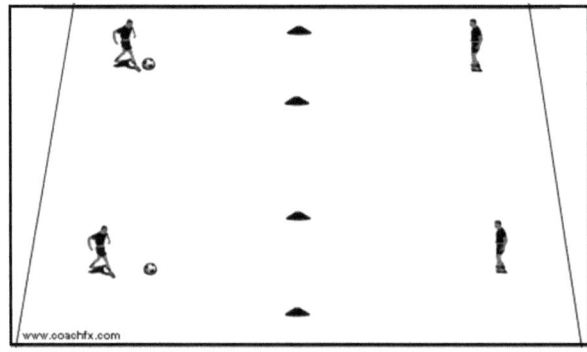

Inhalt der weiteren Trainingseinheiten der Rückrunde

Dribbeln im Viereck

Ein Feld wird abgesteckt und dabei der Spieleranzahl angepasst. In diesem Feld bekommt jeder einen Ball. Dieser soll geführt werden, ohne dass ein Mitspieler dabei behindert oder von einem anderen Ball berührt wird. Die Ausführung bestimmter Finten wird in diesem Aufwärmprogramm eingebaut. Diese Übung wird etwa nur zwei Minuten praktiziert, da sonst schnell Langeweile auftritt.

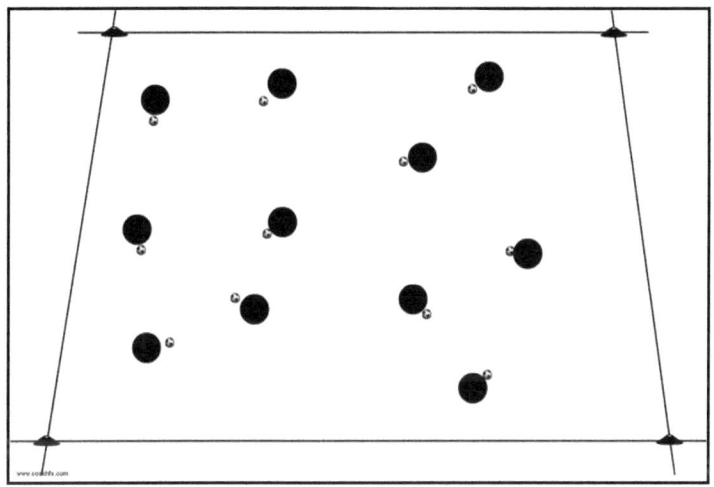

"3 gegen 1" und "5 gegen 2"

Grundlagenübungen für die ganze Mannschaft sind das "3 gegen 1" und das "5 gegen 2". Beim "5 gegen 2" sollte darauf geachtet werden, dass die Spieler sich nicht nur auf die Ecken des Vierecks beschränken, sondern sich frei in dem Viereck bewegen. Dadurch werden die 3 Laufrichtungen

Inhalt der weiteren Trainingseinheiten der Rückrunde

ohne Ball trainiert. Beide Übungen bilden die Grundlage der Dreiecksbildung im Fußball.

3 gegen 1   5 gegen 2

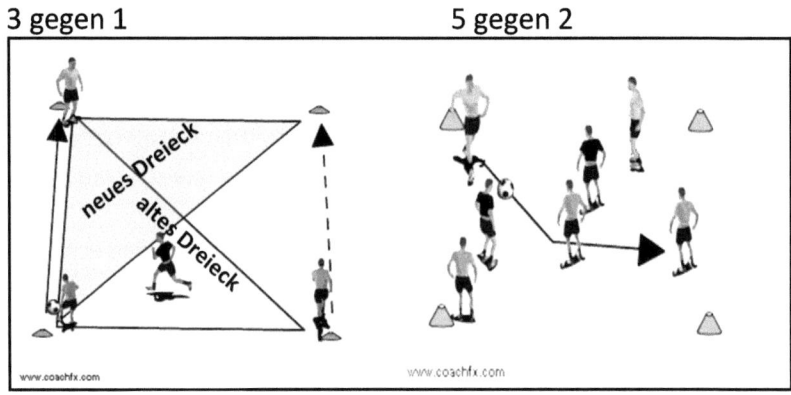

3 gegen 3 mit einer festen Anspielstation

Übungsaufbau und Übungsablauf: Im abgesteckten Viereck spielen 3 gegen 3. Das mittlere kleine markierte Viereck darf nur vom neutralen Spieler betreten werden. Bei jedem 2. Pass muss der neutrale Spieler angespielt werden. Pässe durch das mittlere Viereck sind nicht erlaubt, wenn der neutrale Spieler nicht angespielt wird. Zuerst 3 Ballkontakte, dann 2 und 1.

# Inhalt der weiteren Trainingseinheiten der Rückrunde

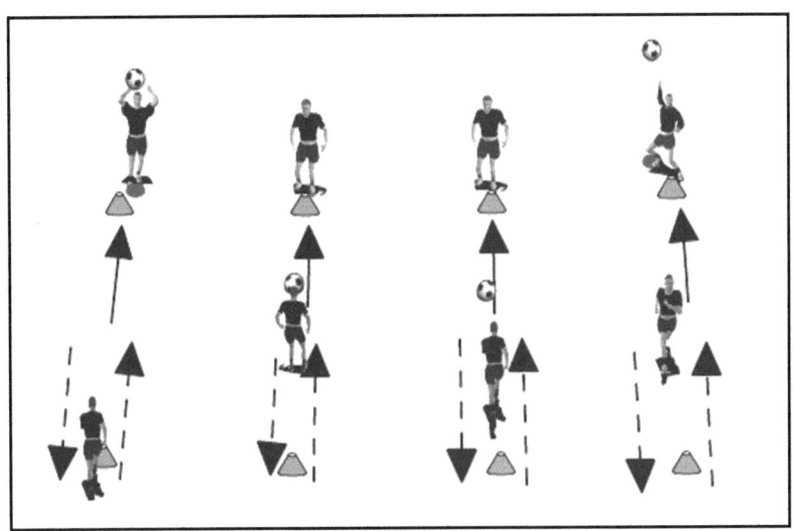

Unsere Top-Übung zum Techniktraining ab der D-Jugend

Nahezu jede der hier aufgeführten Schuss- und Kopfballtechniken kann mit dieser Übung trainiert werden.

Übungsaufbau: 2 Hütchen werden im Abstand von 15 bis 20 Metern aufgestellt. Jedes Hütchen wird mit einem Spieler besetzt. Eine Seite mit Ball, die andere ohne Ball.
Übungsablauf: Der Spieler ohne Ball trabt in Richtung seines Übungspartners, der ihm den Ball z.B. hüfthoch entgegenwirft. (Der Ball sollte so geworfen werden, dass er ca. 5 Meter vor dem Werfenden angenommen oder zurückgespielt werden kann.) Der Spieler ohne Ball spielt den Ball, in unserem Beispiel, direkt mit dem Innenriss zurück. Danach trabt er wieder in Richtung seines Hütchens und

# Inhalt der weiteren Trainingseinheiten der Rückrunde

wendet an diesem. Jetzt läuft er wieder in Richtung seines Übungspartners und wiederholt die Übung 5-10-mal. Danach werden die Aufgaben getauscht. Hier können viele Techniken geschult werden mit je 5 -10 Wiederholungen. Zwischen den einzelnen Übungen kann der Aufbau für einen Wettkampf genutzt werden. Hier startet ein Spieler (mit oder ohne Ball) in Richtung seines Übungspartners und wendet an dessen Hütchen. Danach läuft er wieder zurück und wendet am eigenen Hütchen.

Welches Team schafft in einer Minute die meisten Runden? Danach geht es wieder weiter mit der nächsten Technikschulung usw.

Inhalt der weiteren Trainingseinheiten der Rückrunde

Viereck mit Außenanspieler

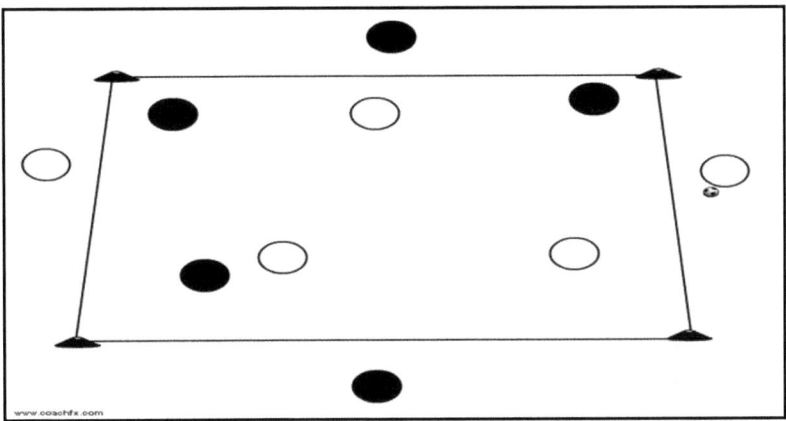

Übungsaufbau: (siehe Grafik oben) Ein Feld von etwa 20 x 20 m mit vier Hütchen abstecken. Im Viereck wird 2 gegen 2 oder 3 gegen 3 gespielt. An jeder Außenlinie stehen noch Spieler (je zwei Anspieler pro Team).
Übungsablauf: Die Anspieler dürfen nicht ins Viereck laufen, dürfen aber auch nicht von den Spielern, die in der Mitte spielen, angegriffen werden. Sämtliche Spieler dürfen nur 2 Ballkontakte haben.
Die Aufgaben sollten öfter gewechselt werden.
Diese Übung eignet sich hervorragend, um das Spiel ohne Ball einzuüben. Hier ist es wichtig, dass der Trainer eingreift, wenn falsche Laufwege eingeschlagen werden oder zu risikoreiche Pässe gespielt werden.

# Inhalt der weiteren Trainingseinheiten der Rückrunde

Viereck mit Eckanspieler

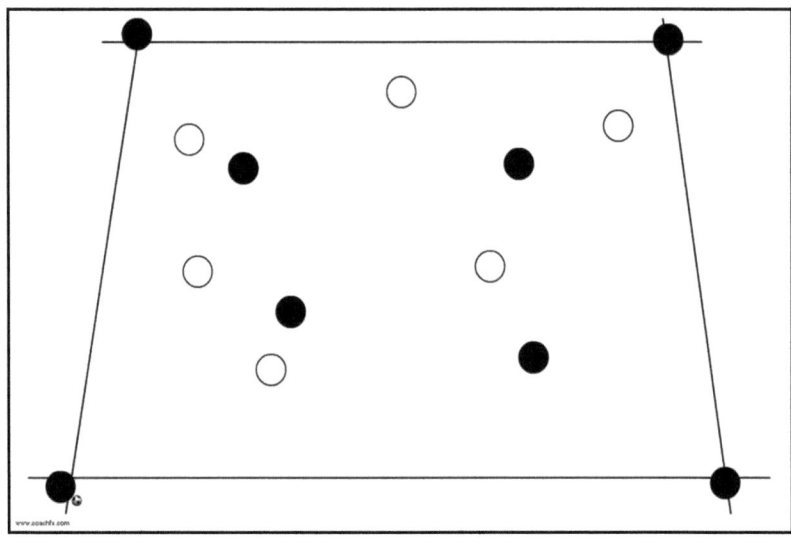

Übungsaufbau: Ein großes Viereck wird abgesteckt. Es werden 2 Mannschaften gebildet. 4 schwarze Feldspieler und an den Ecken 4 schwarze Anspieler. Diese spielen gegen 6 weiße Spieler.

Übungsablauf: Es wird auf Ballhalten gespielt, wobei die weißen Spieler nur 2 Ballkontakte haben dürfen. Die schwarzen Spieler wechseln regelmäßig ihre Positionen von Feldspieler zu Anspieler.

Inhalt der weiteren Trainingseinheiten der Rückrunde

Dribbelkreis

Drei Spieler stehen jeweils hintereinander, der Vordere ist in Ballbesitz und steht neben einer Pylone. Acht Meter von dem jeweiligen Startdribbler entfernt steht eine „Wendepylone".
Er dribbelt zu diesem Hütchen, zieht den Ball dort mit der Sohle zurück, dribbelt wieder zum Starthütchen. Hier übergibt er den Ball und stellt sich hinten an.
Zuerst soll die komplette Übung ausschließlich mit dem rechten Fuß durchgeführt werden, nach zwei bis drei Wiederholungen, wird nur der linke Fuß eingesetzt.

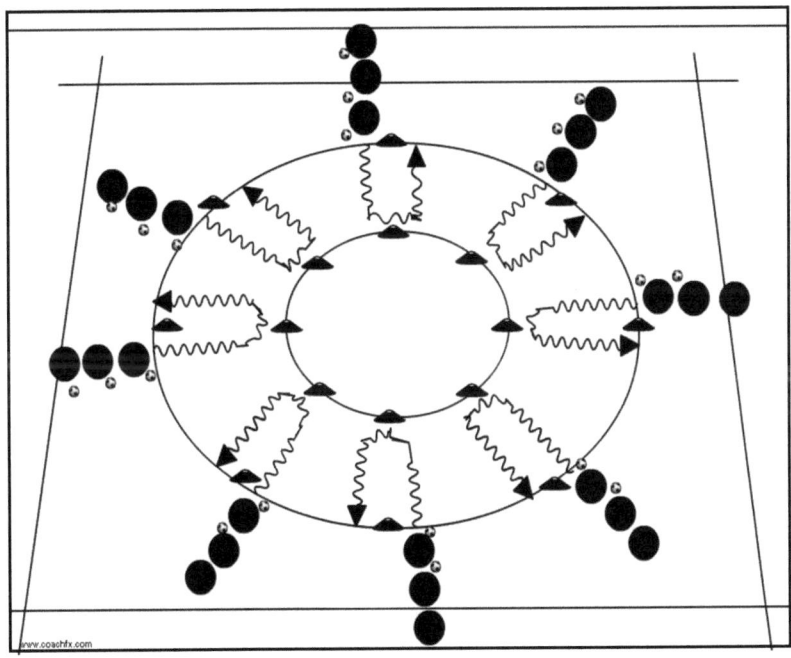

 # Inhalt der weiteren Trainingseinheiten der Rückrunde

Danach erfolgt eine Variation der Übung. Die Spieler sollen sich komplett um das Hütchen mit enger Ballführung drehen. Auch hier wird die Übung anfangs nur mit dem rechten Fuß geübt, einmal erfolgt die Drehung im Uhrzeigersinn, dann entgegengesetzt. Nach einigen Wiederholungen ist der linke Fuß dran. Zum Abschluss ist natürlich ein Wettkampf an der Reihe, mit Drehung in beliebiger Form um die Pylone. Jeder Spieler muss zweimal an den Start gehen.

Dribbel- und Zweikampftraining

Bei dieser Hauptübung wird ein Dribbelwettkampf durchgeführt (siehe folgende Grafik).
Es werden zwei Mannschaften gebildet. Auf ein Startkommando laufen die Startläufer mit Ball los, durchdribbeln die Stangen. Dann durchlaufen sie das Tor innen (weiße Fahnen), umrunden die ausgewählte Fahne, müssen außen um die Pylone und dürfen jetzt zurückdribbeln oder passen. Der Ball darf erst zum nächsten Spieler gepasst werden, wenn sich der ballführende Spieler auf Höhe der letzten Stange befindet. Bei einem ungenauen Pass kann hier also Zeit verloren gehen. Die Mannschaft, die ihren letzten Dribbler mit Ball über die Startlinie bekommt, ist natürlich Sieger.

Inhalt der weiteren Trainingseinheiten der Rückrunde

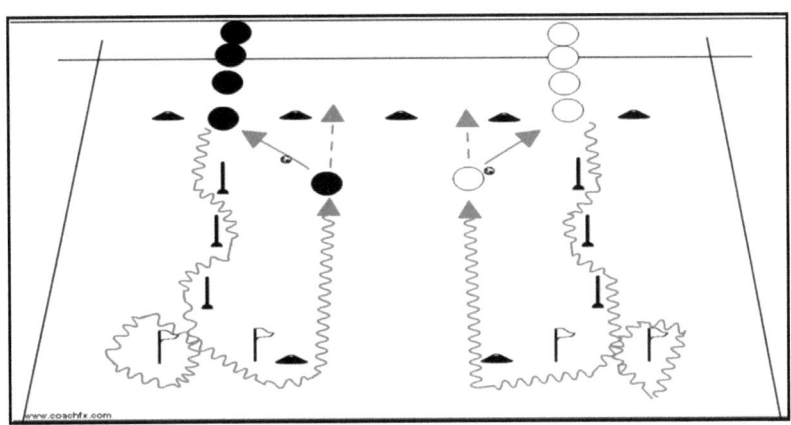

Im Anschluss daran wird eine Dribbel- und Geschicklichkeitsübung eingebaut.

Bei dieser Übung passt Spieler A zu Spieler B, dieser dribbelt mit dem Ball zu der Position von Spieler A und übergibt dem nächsten Spieler den Ball und stellt sich dort hinten an. Spieler A durchläuft die Fahnenstangen im Slalom mit höchster Geschwindigkeit und stellt sich auf der anderen Seite an usw.

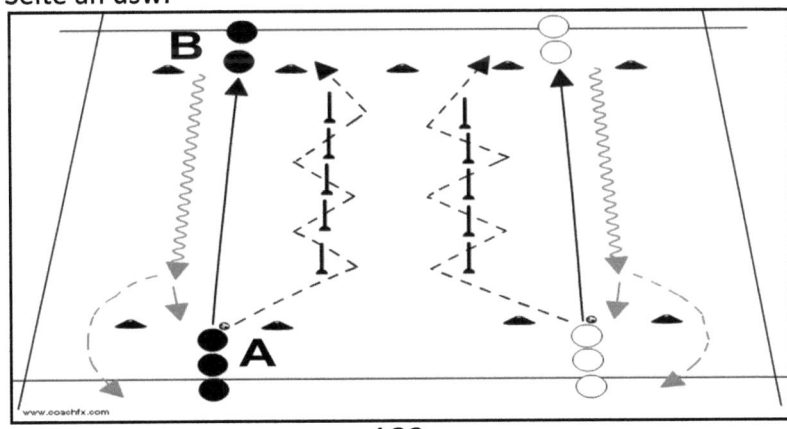

Inhalt der weiteren Trainingseinheiten der Rückrunde

„Fußballtennis" (nur D-Jugend)

Diese Aufwärmübung ist für die D-Jugend sehr anspruchsvoll und für die E-Jugend nicht geeignet. Bei einer Überforderung wird die Übung nur relativ kurz eingesetzt. Sinnvoll ist der Einsatz bei trockenem und relativ warmen Wetter. Bei einer technisch versierten Mannschaft ist ein hoher Spaßfaktor garantiert. Bei dieser Spielform wird das Ballgefühl, die Technik und der Einwurf trainiert.

Übungsablauf: Mit Pylonen werden zwei Spielfeldhälften von jeweils 8 – 12 m markiert. In der Mitte der beiden Spielfeldhälften wird z.B. eine Zauberschnur in etwa 1,60 m Höhe gespannt.

Eine Mannschaft besteht aus 3 – 5 Spielern. Ein Spieler beginnt hinten und außerhalb der Grundlinie mit einem Einwurf in das gegnerische Feld. Die Zauberschnur darf dabei nicht berührt werden und muss überworfen werden. Der Ball muss natürlich auch im gegnerischen Feld landen.

Kommt der Ball außerhalb des Feldes auf und wurde vorher von keinem Gegenspieler berührt, erhält die gegnerische Mannschaft einen Punkt und das Einwurfrecht.

Fliegt der Ball regelkonform in die andere Hälfte, gibt es folgende Spielmöglichkeiten:
- direktes Rückspiel
- Rückspiel nach einmaliger Bodenberührung des Balles
- direktes Abspiel zum Partner
- Abspiel zum Partner nach einmaliger Bodenberührung.

Hauptübungen nach der Winterpause

1. Abschlussspiele in unterschiedlichster Form überwiegen das Training und nehmen etwa 50 Prozent des zeitlichen Rahmens ein. Sie erfolgen mit variationsreichen Vorgaben aus dem konditionellen, technischen und taktischen Sektor. Diese Form der Abschlussspiele haben wir bereits in unseren 30 Trainingseinheiten aufgeführt, und werden hier nicht wiederholt.

Praxisnah werden hier Konter, Pressing, Umschalten von Angriff auf Abwehr und umgekehrt, fußballspezifische Ausdauer, Schusstraining usw. trainiert.

2. Das Training von Standardsituationen und Stationentraining.

3. Hauptübungen vor den Abschlussspielen werden immer mit häufigen Ballkontakten verbunden und einer relativ geringen Laufbelastung.

 **Literaturverzeichnis**

Claßen, M. / Schnepper, W.:
Taktiktraining im Jugendfußball, BOD, 2011

Claßen, M. / Schnepper, W.:
Taktiktraining im Jugendfußball 2, BOD, 2012

Claßen, M. / Schnepper, W.:
Pressing mit System, BOD, 2012

Schnepper, W. / Claßen, M.
E-Jugend / D-Jugendtraining: effektive Übungen,
BOD, 2014

 **Notizen**

 **Notizen**